Friedrich Bodenstedt

Die Komödie der Irrungen

William Shakespeare's dramatische Werke

Friedrich Bodenstedt

Die Komödie der Irrungen

William Shakespeare's dramatische Werke

ISBN/EAN: 9783742888891

Hergestellt in Europa, USA, Kanada, Australien, Japan

Cover: Foto ©Thomas Meinert / pixelio.de

Manufactured and distributed by brebook publishing software (www.brebook.com)

Friedrich Bodenstedt

Die Komödie der Irrungen

William Shakespeare's
Dramatische Werke

Uebersetzt

von

Friedrich Bodenstedt, Nicolaus Delius, Ferdinand Freiligrath,
Otto Gildemeister, Georg Herwegh, Paul Heyse, Hermann Kurz,
Adolf Wilbrandt.

Nach der Textrevision und unter Mitwirkung von Nicolaus Delius.

Mit Einleitungen und Anmerkungen.

Herausgegeben

von

Friedrich Bodenstedt.

Neunundzwanzigstes Bändchen.

Leipzig:
F. A. Brockhaus.
1870.

Die Komödie der Irrungen.

Von

William Shakespeare.

Uebersetzt

von

Georg Herwegh.

Mit Einleitung und Anmerkungen.

Leipzig:
F. A. Brockhaus,
1870.

Die Komödie der Irrungen.

Einleitung.

Die „Comedy of Errors", von Schlegel die beste aller vorhandenen oder überhaupt möglichen Menächmen genannt, erschien zuerst in der Folio von 1623 gedruckt; zuerst aufgeführt wurde sie wahrscheinlich in Gray's Inn im December 1594. In dem Buche „Gesta Grayorum or the History of the High and mighty Prince, Henry Prince of Purpoole who reigned and died A. D. 1594" (London 1688) findet sich nämlich folgende Notiz: „after such sports a Comedy of Errors" (ähnlich den Menächmen des Plautus) „was played by the players; so that night was begun, and continued to the end, in nothing but confusion and errors; wherupon it was afterwards called The Night of Error."

Ferner wird das Stück, und zwar zuerst, erwähnt in des Francis Meres Palladis Tamia, der es als „Shakespeare's Errors" bezeichnet. Endlich erfahren wir aus den „Accounts of the Revels at Court", daß es vor König Jakob den 28. December 1604 aufgeführt wurde, bei welcher Aufführung, wie Alexander Dyce meint, die Stelle in der zweiten Scene des dritten Aufzugs, wo von der Unfruchtbarkeit (barrenness) Schottlands die Rede ist, aller Wahrscheinlichkeit nach weggelassen wurde. Das Jahr dieser Aufführung unseres Stücks kann übrigens unmöglich das Jahr der Abfassung desselben sein. Dem Stil nach ist es gewiß eine der frühesten Arbeiten Shakespeare's, und es gilt in Bezug hierauf was sich auch bei den „Beiden Veronesern" bemerklich macht: dasselbe Vorwiegen gereimter lyrischer Stellen, derselbe Mißbrauch der doggerel verses (Knittelreime), das strenge Abschließen des Sinns mit dem Verse, die Clowns noch auf der Stufe der niedersten Komik, nur zur derbsten Parodie ihrer Herren verwendet, noch

weit entfernt vom Fallſtaff'ſchen Humor. Wiederholt finden wir
einzelnes aus unserm Stück in der spätern Komödie „Was ihr
wollt"; wir erinnern an die Situation des Schiffshauptmanns
Antonio, der ebenfalls in einer feindlichen Stadt arretirt wird,
weil verſchiedene Aehnlichkeiten ebenfalls Verwirrungen herbeiführen,
bis ſich auch hier alles zur Zufriedenheit aufklärt; an den Beutel,
den Antonio dem Sebaſtian gegeben hat, den er aber von Viola
wiederfordert; an den Schiffbruch; an die Trennung Sebaſtian's
von ſeiner Schweſter; an die Exorciſirung des Malvolio, die man
mit der des Antipholus durch Zwick vergleichen kann; an das
Rendezvous im Gasthof; an den Elefanten ſtatt des Phönix
u. ſ. w.

Zur nähern Zeitbestimmung hat man einen von Theobald entdeckten Calembourg in Aufzug 3, Scene 2, herbeigezogen:

Antipholus von Syrakus. Wo liegt Frankreich?

Dromio von Syrakus. Auf ihrer Stirn; armed and rever-
ted, making war against her heir —

Anspielung auf König Heinrich IV., Frankreichs Erben (heir), und
die Bürgerkriege, die nach der Ermordung ſeines Vaters, vom
Auguſt 1589 an, mehrere Jahre dauerten, bis der Hugenottenfreund
fand, daß Paris wohl eine Meſſe werth ſei, den 25. Juli 1593.
Die Königin Eliſabeth hatte ihm ſchon 1591, unter Eſſex und deſſen
Bruder Walther, 4000 Mann Hülfstruppen geſandt und ſolche
Hülfe ihm auch ſpäter wiederholentlich angedeihen laſſen. Die
franzöſiſchen Verhältniſſe waren alſo in England als bekannt voraus-
zuſetzen, und der Wortwitz konnte von dem londoner Publikum gar
wohl verſtanden werden. So erhielten wir denn etwa das Jahr
1592 als die Zeit der wahrſcheinlichen Abfaſſung, wobei wir vielleicht auch noch die Rede über die Männer (Aufzug 2, Scene 1),
die ſich mehr oder weniger in der „Zähmung einer Widerspenſtigen"
wiederfindet, in Betracht ziehen dürfen. Dieſer Anſicht ſtände wol
kaum ernſtlich entgegen, daß die Ueberſetzung der Menächmi des
Plautus durch William Warner, die Shakeſpeare gekannt haben ſoll,
obſchon eigentlich größere Parallelſtellen fehlen, erſt im Jahre 1595
im Druck erſchienen iſt.

Aus der Vorrede des Verlegers entnehmen wir, daß dieſe
Ueberſetzung ſchon vor ihrer Veröffentlichung durch den Druck — wie
jene andere Ueberſetzung, deren in der Einleitung zu den „Beiden
Veroneſern" gedacht iſt — handſchriftlich unter den Freunden des
Ueberſetzers circulirt habe. Aber Shakeſpeare ſcheint in der That
dieſe Ueberſetzung nicht einmal in der Handſchrift gekannt zu
haben, trotz der Stelle, die Steevens aus der Warner'ſchen Ueberſetzung (II, 1;) geltend macht: „Epidamnum" — „ſchon der Name

verräth", heißt es später einmal, „daß niemand sine damno hierher kommen kann" — „is a place as full of Ribaulds, Parasites, Drunkards, Catchpoles, Conicatchers, and Sycophantes, as it can hold." Man hat diese Stelle mit der Schlußrede des ersten Aufzugs unserer Komödie verglichen. Malone in seinem „Leben Shakespeare's" findet es wahrscheinlich, daß der Dichter den Stoff seines Stücks einem frühern Stück entlehnt habe, dessen Verfasser allerdings die Plautinischen Menächmen kannte, woraus sich auch die oben erwähnte Aehnlichkeit solcher Stellen erklären würde. Ueber dieses Stück aber konnte Malone wiederum keine andere Auskunft geben als die kurze Notiz in dem „Historical account of the english stage", wonach am Neujahrsabend 1576—77 zu Hampton=Court vor der Königin Elisabeth ein Stück unter dem Titel „The Historie of Error" durch die Chorknaben der Kathedrale von St. Paul aufgeführt wurde. Shakespeare war damals 13 Jahre alt. Wiederholt wurde dieses Stück in Windsor im Jahre 1582—83, und es muß sich in den Hofrechnungen den Titel: „History of Ferrar" gefallen lassen. Die Chorknaben führten meistens Stücke auf, die sich an classische Dramen anlehnten. So mag es auch mit diesem uns unbekannt gebliebenen vorshakespearischen Stück der Fall gewesen sein, und die großen Veränderungen, welche mit dem Plautinischen Stück in unserer „Comedy of Errors" vorgenommen wurden, müssen so lange für Shakespeare's Erfindung gelten, bis sich die Hypothese Singer's oder vielmehr Lloyd's von einer uns noch unbekannten italienischen Bearbeitung dieses Stoffes bestätigt. Die echt italienischen Figuren des Goldschmieds und des Kaufmanns verleihen allerdings dieser Hypothese einige Wahrscheinlichkeit. Steevens hält das Stück für ein von Shakespeare nur überarbeitetes. Endlich wollen einige Herausgeber Shakespeare ein persönliches Interesse an der Bearbeitung dieses Stoffs unterschieben, insofern er selber Vater von Zwillingen, einem Sohne und einer Tochter, gewesen sei.

Die Fabel unserer Komödie ist im Grunde genommen sehr einfach. In Epidamnum, wohin der Kaufmann Aegeon eine Geschäftsreise gemacht hat, wird dessen ihm vielleicht aus Eifersucht nachgereiste Gattin gleichzeitig mit einer Frau aus dem Volke, die in demselben Gasthofe wohnte, jede von männlichen Zwillingen entbunden. Die Zwillinge der armen Frau werden von dem reichen Bürger gekauft und sollen als Diener für seine Söhne mit denselben aufgezogen werden. Infolge eines Schiffbruchs werden auf der von der Kaufmannsgattin mit Ungeduld betriebenen Rückreise Mann und Frau getrennt, und jedes von ihnen mit einem der eigenen und einem der gekauften Kinder gerettet. Die einen kommen nach Syrakus, die andern nach Ephesus, doch so, daß der Vater bei dem einen

Paare bleibt, während die Mutter, noch ehe sie nach Ephesus kommt, von dem andern Paare getrennt wird. Der syrakuser Zwilling, als er 18 Jahre alt ist, macht sich mit seinem Diener-Zwilling auf den Weg, um seinen verloren gegangenen Bruder (aus αντιφιλια, daher der corrumpirte Name Antipholus) zu suchen. Er sucht aber „den Tropfen im Meer" so lange, daß endlich auch Vater Aegeon auszieht, um den suchenden Sohn zu suchen. So findet sich schließlich die ganze Familie, die eine Hälfte der andern, die Mutter sogar den mit ihr geretteten Zwillingen unbekannt, in Ephesus zusammen. Dort werden sie von Frauen, Freunden und Dienern fortwährend miteinander verwechselt, wie umgekehrt auch die Diener von ihren Herren: der suchende Syrakuser kommt zu seinem Erstaunen zu Geld, Kette und Frau, die dem Epheser gehörten; der Epheser wird vom eigenen Weibe als Fremder aus dem Hause gesperrt, während der unverheirathete Syrakuser nebst dem unverheiratheten Diener-Zwilling an seiner Statt drinnen schmausen und beide sich nur mit Mühe, der eine der Ansprüche der Frau, der andere der der Köchin erwehren. Der Epheser wird sogar für eine Kette, die sein Bruder erhalten hat und deren Empfang er dem Goldschmied bestreitet, verhaftet und schließlich, da er alles das, was seinem Bruder begegnet ist, ableugnet, für toll erklärt und durch einen Excorcisten so rasend gemacht, daß ihn die eigene Frau binden läßt. Als die Verwirrung den höchsten Grad erreicht hat, erfolgt die glückliche Entwirrung dadurch, daß sämmtliche Personen sich endlich gleichzeitig auf der Bühne begegnen, und die Erkennung des einen Sohnes durch den Vater die Erkennung des andern Sohnes mit Hülfe der Mutter herbeiführt. Das Interesse der Entwirrung wird auch noch erheblich dadurch gesteigert, daß Leben und Tod des Vaters von derselben abhängt, und daß wir eigentlich jeden Augenblick auch für den syrakuser Zwilling fürchten müssen, den nur die Verwechselung mit seinem Bruder vor dem Schicksale des Vaters in Ephesus bewahrt.

Shakespeare hat den Schauplatz nicht ohne Absicht von dem Epidamnum des Plautus auf den phantastischen Boden von Ephesus, einer schon in der Apostelgeschichte berüchtigten Stadt, verlegt, wo alle Verwirrung von vornherein schon viel wahrscheinlicher wird. Sodann hat er den etwas magern Stoff etwas zu erweitern gesucht und dem ursprünglichen Zwillingspaar noch ein zweites in der Person der beiden Diener beigesellt, die, wie gewöhnlich bei Shakespeare, die Schicksale ihrer Herren in niederern Sphären widerzuspiegeln haben.*) Es nimmt uns eigentlich wunder, daß er

---

*) Sollte etwa der doppelte Sosius in dem „Amphytrio" des Plautus die Idee zu den beiden Dromios geliefert haben? Gab es

nicht auch noch aus den beiden Frauen, Luciana und Adriana, Zwillinge gemacht hat. Der virtuose Bühnendichter, als welchen er sich in unserm Stücke vorzugsweise zeigt, wäre gewiß auch hier um neue Verwickelungen und neue Lösungen nicht verlegen gewesen. Wenn wir etwas näher auf die Aehnlichkeiten und Unterschiede zwischen unserer Komödie und der Plautinischen eingehen wollen, so lassen sich dieselben ungefähr in Folgendem zusammenfassen.

Die Scene, in der Dromio von Ephesus den Antipholus von Syrakus zum Essen rufen soll, entspricht bei Plautus der Scene, wo Cylindrus, der Koch der Buhlerin Erotium, den Menächmus the traveller mit dem Menächmus in Epidamnum verwechselt. Bei Plautus verwechselt ferner die Buhlerin, nicht Adriana, den einen Menächmus mit dem andern (Aufzug 2, Scene 2 unserer Komödie). Doch ist hier gleichzeitig Aufzug 4, Scene 3 zu berücksichtigen, wo auch die Courtisane den einen Antipholus mit dem andern verwechselt. Menächmus the traveller gebraucht noch die Vorsicht, ehe er die Buhlerin besucht, dem Messenio-Dromio seine Börse zuzustecken, um zu erfahren, „ob sie es auf ihn, oder sein Geld abgesehen habe." Dann geht er auf die Behauptungen der Buhlerin ein — ähnlich wie in Shakespeare — und gibt zu, daß er ihr einen Mantel, den sie von Menächmus the citizen erhalten, geschenkt habe; vielleicht ann er auf diese Weise „während seines Aufenthalts in Epidamnum umsonst logiren". Dromio-Messenio, entsetzt über seinen Herrn, ruft aus: „Hundert Piraten ist er auf der See entgangen, nun entert ihn die erste Landratte, mit der er zusammenstößt." Menächmus the traveller ist von unserm Antipholus dem Syrakuser himmelweit verschieden, denn er will z. B. den Mantel, mit dem ihn die Buhlerin fortschickt, um ihn färben zu lassen, ohne weiteres annexiren!

Die Scene, in welcher der Parasit Peniculus den Menächmus the traveller für den Menächmus von Epidamnum nimmt, konnte dem Verfasser des vorshakespearischen Stücks oder Shakespeare selbst die Scene liefern, in der Angelo den Antipholus von Syrakus für den Antipholus von Ephesus hält. Menächmus the traveller be-

---

eine englische Uebersetzung von diesem Stücke? oder hatte Shakespeare das Original gelesen? Verstand Shakespeare vielleicht ebensowol Lateinisch als Italienisch? Denn daß er Italienisch verstanden habe, dafür werden die Beweise bei Gelegenheit von „Ende gut, alles gut" beigebracht. Auch in französischer Literatur hatte sich Shakespeare ziemlich umgesehen. Er kennt die „Essais" von Montaigne, und ich glaube Spuren angetroffen zu haben, die auf eine Bekanntschaft mit Rabelais hindeuten, wenn auch sein bischen Französisch, wie Delius meint, schwerlich ausreichte, um Rabelais im Original zu lesen.

kommt von der Buhlerin auch noch eine Kette, die er beim Goldschmied umformen und schwerer machen lassen soll; Menächmus von Epidamnum hatte diese wie den obenerwähnten Mantel seiner Frau gestohlen, um sie der Buhlerin zu schenken. Also ist auch Menächmus von Epidamnum dem Charakter nach gänzlich verschieden von unserm Antipholus von Ephesus.

Der Scene zwischen Luciana und Abriana, deren Eifersucht von Luciana bekämpft wird, entspricht bei Plautus die Scene zwischen der Frau und dem Parasiten, der aber, weil er um sein Diner gekommen ist, die erstere noch in der Entrüstung gegen ihren Mann bestärkt. Ueberall sehr feine Veränderungen bei Shakespeare. Als Menächmus the citizen (der von Epidamnum) von seiner Frau wegen des gestohlenen Mantels zur Rede gestellt wird, entschuldigt er sich damit, er habe ihn der Courtisane nur geliehen, worauf ihn die Frau aus dem Hause ausschließt, was ihn, wie unsern Antipholus von Ephesus, veranlaßt zur Buhlerin zu gehen „to be shut in", wenn ihn sein Weib ausschließt. Er fordert nun aber doch den gestohlenen Mantel, mit dem unterdessen Menächmus the traveller durchgebrannt ist, gegen ein anderes Geschenk von der Buhlerin zurück, worauf ihm Erotium gleichfalls die Thür verschließt, sobaß er sich also nicht einmal auswärts entschädigen kann. Die Frau des Menächmus the citizen kommt erst im letzten Act mit dem Menächmus the traveller zusammen, den sie für ihren Mann hält, um so mehr, da er den ihr von ihrem Mann gestohlenen Mantel bei sich hat. Davon einzelne Züge in der Scene zwischen Abriana, Luciana und Antipholus von Syrakus. „Plead you to me, fair dame? I know you not" (II, 2.) Für den Senex, den Menächmus the traveller ebenso wenig kennen will „wie den Calchas von Troja", tritt Luciana ein. Die nun folgende Scene aber zwischen dem Vater und der Frau enthält eher das Motiv zu dem Gespräch zwischen Abriana und Luciana (II, 1). Auch der Vater gibt seiner Tochter unrecht und dem Manne recht, daß er zu harlots geht, because he cannot be quiet at home, bis er den Menächmus the traveller sieht, den er ebenfalls für Menächmus the citizen hält, und, als jener seine Identität mit diesem leugnet, ebenfalls außer sich geräth. Darauf erklären sie ihn gemeinschaftlich für einen Bedlam-fool (vergl. IV, 4, unserer Komödie: „Alas, how fiery and how sharp he looks"; und bei Plautus: „Look how he stares about"). Der Senex geht nach einem Medicus (Zwick) aus; unterdessen entwischt Menächmus the traveller, und Menächmus the citizen kommt nach Haus, wird statt des erstern vom Medicus untersucht und soll von vier Kerlen (Vergl. IV, 4, unserer Komödie) nach des Doctors Hause gebracht werden, der ihn drei Wochen lang mit Niespulver behandeln will. Ihm zur Hülfe erscheint aber Messenio (Dromio von Syrakus), der den Menächmus the citizen für seinen Herrn, den Menächmus the traveller, hält, und die „Lorarier", die den Menächmus packen sollen, werden von beiden zusammen in die Flucht geschlagen. Messenio verlangt als Dank dafür seine Freiheit von Menächmus the citizen, der ihm aber erklärt, er könne sie ihm nicht geben, da er nicht sein Sklave sei, ihm aber schließlich doch sagt: „For my part be free." Messenio will dann in den Gasthof gehen und das Gepäck und die Börse, die ihm Menächmus the traveller aufzuheben gegeben hatte, für Menächmus the citizen holen, worein sich dieser auch seinem Charakter gemäß sehr gern schickt. Nachdem Menächmus the citizen abgegangen ist, tritt Menächmus the traveller auf und findet noch den Messenio, dem er Vorwürfe macht, daß er ihn seit vielen Stunden nicht gesehen habe; worauf ihm dieser verdutzt erwidert, daß er ihn ja soeben aus den Händen von vier Schlingeln befreit und zum Dank dafür seine Freiheit von ihm erhalten habe. Dieser neuen Verwirrung wird nun durch das Wiedererscheinen des Menächmus the citizen ein Ende gemacht. Erstes Zusammentreffen der beiden Zwillinge, wie in der Schlußscene des Shakespearischen 5. Aufzugs; Entwirrung durch den Diener Messenio (Dromio von Syrakus), der seinen Herrn darauf aufmerksam macht, daß dies der gesuchte Zwillingsbruder sein müsse, ein hierauf bezügliches eingehendes Examen anstellt, und nun die Freiheit durch seinen eigenen Herrn wirklich erhält. Aus dem Examen erfahren wir, daß der eine Bruder vor Jahren auf einem Markte gestohlen worden war.

Menächmus the traveller gibt nun auch Mantel und Kette heraus; er veranlaßt seinen Bruder, alles in Epidamnum zu verkaufen und mit ihm nach Syrakus zu ziehen. „Wollt Ihr Euer Weib auch verkaufen?" fragt Messenio-Dromio; und Menächmus the citizen antwortet: „Ja; aber ich glaube, niemand wird etwas für sie geben wollen." Damit schließt die Warner'sche Uebersetzung der Plautinischen Komödie.

Durch die bloße Nebeneinanderstellung der Analysen beider Dramen, des classischen und des romantischen, springt, wie uns scheint, das Verfahren Shakespeare's im Gegensatz zu dem des Plautus ohne weitern Commentar in die Augen.

Des Shakespear'schen Rahmens — Fällung eines Todesurtheils und bevorstehende Execution desselben —, innerhalb dessen die Komödie sich abwickelt, haben wir im Vorbeigehen bereits gedacht. Shakespeare weiß, wie immer, den etwas flachen Stoff zu vertiefen und alle Saiten menschlicher Empfindung, vom Erhabenen und Rührenden bis zum Burlesken, mit gleichem Glücke anzuschlagen. Von einer eigentlichen Entwickelung der Charaktere kann selbstverständlich in einem Stücke nicht die Rede sein, in welchem die Collisionen nur aus zufälligen und äußerlichen Aehnlichkeiten entspringen, und welches in der Wirklichkeit kaum länger dauert, als es Zeit braucht um auf der Bühne gespielt zu werden. Wenige Bemerkungen werden genügen.

Die Zwillinge selbst hat der Dichter durch die große Geschmacks=verschiedenheit, die er denselben beilegt, vortrefflich zu charakterisiren verstanden. So kann sich z. B. Antipholus von Syrakus „nicht ohne Schauder" als Gemahl der eifersüchtigen, schlagfertigen Frau seines Bruders denken. Und wie der Herr, so auch der Diener. Der ihm beigegebene Zwillings=Clown will ebenso wenig der Atlas sein, welcher die schmierige Weltkugel des andern Dromio auf seinen Schultern trägt, die doch sonst so vieles aushalten müssen.

Beide Antipholusse sind heißblütige, ungeduldige Menschen; der von Syrakus, nach seinen Liebesergüssen zu schließen, von noch feurigerer Natur als sein Bruder. Auf dem Grunde dieses lebhaften Temperaments, einer gewissen étourderie, mögen die Irrungen und Verwirrungen unserer Komödie noch an Wahrscheinlichkeit gewinnen.

Antipholus von Ephesus redet zwar nicht, wie der ihm ent=sprechende Menächmus the citizen im Plautus, von „loves abroad and wives at home", stiehlt auch seiner Frau keinen Mantel, „um ihn einer andern zu schenken, die er mehr liebt"; arrangirt aber doch, „um seine Frau zu ärgern", gelegentlich ein souper fin mit einer Cocotte, und mag sich auch manchmal mit dem Kammer=mädchen seiner Frau, mit „der Pike" (Luce), einen kleinen Scherz gestatten, wovon wir in den „doggerel verses" im 3. Aufzug etwas zwischen den Zeilen zu lesen glauben.

Für Frauen hat Shakespeare in diesem Stück sehr ausgiebig gesorgt; fast jedem Er steht eine Sie zur Seite. Doch bekommen wir weder die Küchenvestalin noch die Soubrette — diese wenig=stens nicht genauer — zu sehen. Frau und Schwester sind in scharfem Contrast gehalten.

Die Frage der Adriana: „Warum sollen die Männer freier sein als wir?" charakterisirt ebenso die Fragstellerin, wie die Ant=wort: „Weil ihr Geschäft sie aus dem Hause führt" bezeichnend ist für deren Schwester. Antipholus von Ephesus steht offenbar unter dem Pantoffel seiner Frau, die das Vermögen ins Haus ge=bracht hat, und hat solchen Respect vor ihr, daß er den Goldschmied bittet, ihn bei ihr zu entschuldigen „weil er nicht zu rechter Zeit zu Tische kommt". Aus reiner Eifersucht ist sie so blind, daß sie ihren eigenen Mann in einem andern zu erkennen glaubt, und nach den Geständnissen, die sie der Aebtissin ablegt, hat sie es seit ihrer Verheirathung an Gardinenpredigten nicht fehlen lassen. Uebrigens ist ihr Charakter dem ihres Mannes in manchen Stücken verwandt, und gleichwie Antipholus von Ephesus sein Hausrecht mit dem Strick auszuüben droht und später auch der Reihe nach wenigstens die Mägde durchpeitscht, so scheint auch Adriana mit ihren Dienern wenig Umstände zu machen, denn sie spricht wiederholt von nichts Geringerem als von Schädeleinschlagen.

Von diesen Derbheiten mögen allerdings bei Shakespeare wie bei Plautus gar manche nur für das Publikum des Paradieses berechnet gewesen sein, für dessen Unterhaltung zu sorgen beide Dichter noch sehr bemüht sind; erst bei den spätern Terenzen wird die Noblegalerie tonangebend.

Wenn Adriana in der That keine sehr bequeme Frau ist, so wird sich dagegen mit der blonden Luciana, deren Einführung in unsere Komödie einen wesentlichen Vorzug derselben vor dem Plautinischen Stücke ausmacht, ganz vortrefflich leben lassen, sofern sie nur ihrer weiblichen Philosophie treu bleibt und mit ihrer Ehestandsdoctrin an Antipholus von Syrakus einen gelehrigen Schüler findet. „Wir Frauen brauchen nicht alles zu wissen; und was wir nicht wissen, macht uns nicht heiß." Sie will „gehorchen lernen, ehe sie lieben lernt." „Und ist Gehorsam im Gemüthe" heißt's im „Gott und der Bajadere", „so wird nicht fern die Liebe sein." Sie hat schon alle Vorsichtsmaßregeln getroffen und keine ihrer Hoffnungen so überspannt, daß sie bei dem großen Lebensexperiment in die Luft zu fliegen fürchten müßte. Ihre Lebhaftigkeit wird sie als brave Frau höchstens dann und wann ihre Dienstboten empfinden lassen. (S. Schluß des zweiten Aufzugs.) Aber wo sie nur so viele Erfahrung, die fast an Rouerie streift, gesammelt haben mag? Ist es eine Errungenschaft aus dem Hause ihres Schwagers? Weiß sie es durch weibliche Intuition? Oder erinnert sie sich dessen etwa aus Pythagoras' Zeiten her, wie Rosalinde, welche damals eine Ratte gewesen zu sein behauptet, die man mit schlechten Versen vergiftet habe?

Wir könnten zum Schluß noch die Frage aufwerfen, was wol Shakespeare zur Bearbeitung dieses Stoffes veranlaßt haben möge, ob das bloße Bühnenbedürfniß und die Beliebtheit des Themas, oder vielleicht die heitere Betrachtung, daß solche unwahrscheinliche Doppelgänger zwar für unsere Frauen, aber glücklicherweise unsere Frauen nicht so leicht für unsere Doppelgänger gefährlich werden können, und daß die Natur, wenn sie in humoristischer Schöpfungslaune Physiognomien und Gestalten wiederholt, der Individualität durch die verschiedenen Sympathien und Antipathien, die sie denselben beilegt, doch wieder zu ihrem Rechte verhilft.

Die Komödie der Irrungen.

Personen.

Solinus, Herzog von Ephesus.
Aegeon, ein Kaufmann aus Syrakus.
Antipholus von Ephesus, } Zwillingsbrüder und Söhne von Aegeon und
Antipholus von Syrakus, }   Aemilia.
Dromio von Syrakus, } Zwillingsbrüder und Diener der beiden Antipholus.
Dromio von Ephesus, }
Balthasar, ein Kaufmann.
Angelo, ein Goldschmied.
Ein Kaufmann, Freund des Antipholus von Syrakus.
Ein Kaufmann, im Geschäftsverkehr mit Angelo.
Zwick, ein Schulmeister.

Aemilia, Frau des Aegeon.
Adriana, Frau des Antipholus von Ephesus.
Luciana, Adriana's Schwester.
Lucie, Adriana's Kammermädchen.
Eine Courtisane.

Ein Kerkermeister, Häscher, Wachen und anderes Gefolge.

Schauplatz: Ephesus.

Erster Aufzug.

Erste Scene.

Halle in des Herzogs Palast.

Es treten auf: **Herzog, Aegeon, Kerkermeister, Häscher** und anderes Gefolge.

Aegeon.
Fällt Euern Spruch, Solinus; und der Tod,
Der Allesender, end' auch meine Noth.

Herzog.
Kaufmann von Syrakus, spar' jedes Wort;
Ich breche nie parteiisch das Gesetz.
Die bittre Feindschaft, welche jüngst entsprang
Aus eures Herzogs grausamer Gewaltthat
An wackern Handelsleuten unsers Staats,
Die, weil sie sich mit Geld nicht lösen konnten,
Mit Blut besiegelten sein streng Gesetz,
Schließt Mitleid ganz aus unserm Drohblick aus.
Denn seit entglommen zwischen uns und deinem
Unruh'gen Volk der tief unsel'ge Zwist,
Verboten feierliche Rathsbeschlüsse,
Sowol von Syrakus als auch von uns,
Den Handel zwischen den ergrimmten Städten.
Noch mehr:
Wenn sich ein Ephefer erblicken läßt
Auf Messen oder Markt in Syrakus,
Und umgekehrt, betritt ein Syrakuser
Den Strand von Ephesus: ist er des Tods

Und seine Habe fällt dem Herzog heim;
Es sei denn daß er tausend Mark erlegt,
Der Strafe zu entgehn, als Lösegeld.
Doch alles was du hast, auch noch so hoch
Geschätzt, beläuft sich nicht auf hundert Mark:
Deshalb verdammt dich das Gesetz zum Tod.

Aegeon.

Laß deinen Spruch vollziehn; mein Trost wird sein,
Mit diesem Tage stirbt auch meine Pein.

Herzog.

Wohl, Syrakuser, sag' uns kurz den Grund,
Weswegen du dein Heimatland verließest
Und was dich hergeführt nach Ephesus.

Aegeon.

Das Allerschwerste legtest du mir auf:
Mein unaussprechlich Elend auszusprechen;
Doch daß die Welt bezeuge, wie nur Liebe,
Nicht niedrer Frevel schuld an meinem Tod,
Will ich erzählen, was mein Schmerz erlaubt.
Ich stamm' aus Syrakus und war vermählt
Mit einem Weibe, glücklich nur in mir
Und durch mich, hätt' uns Unheil nicht verfolgt.
Mit ihr lebt' ich vergnügt; mein Wohlstand wuchs
Durch eine Reihe vortheilhafter Reisen
Nach Epidamnum, bis mein Factor starb
Und Sorge für mein aufsichtsloses Gut
Mich aus der Gattin holden Armen riß.
Noch nicht sechs Monde war die Trennung alt,
Als sie — obschon der süßen Strafe fast
Erliegend, die das Weib zu tragen hat —
Anstalten um mir nachzufolgen traf,
Und bald und glücklich ankam wo ich war.
Es dauerte nicht lang', so wurde sie
Beglückte Mutter zweier schmucker Knaben,
Und, seltsam, einer so dem andern gleich,
Daß man sie nur durch Namen unterschied.
Zur selben Stund', im selben Gasthof ward
Ein Weib des Volks von gleicher Last entbunden,
Von Zwillingsknaben, ganz einander gleich.
Die kauft' ich, weil die Aeltern gar so arm,
Sie aufzuziehn für meiner Söhne Dienst.

Mein Weib, nicht wenig stolz auf solch ein Paar,
Lag täglich mich um unsre Heimkehr an.
Nur ungern gab ich nach; und ach, zu bald
Sah uns ein Schiff an Bord.
Erst eine Meile zwar von Epidamnum
Gab die dem Wind stets unterthän'ge Tiefe
Uns unheilvolle Zeichen unsers Leids,
Doch länger blieb uns nicht viel Hoffnung mehr:
Denn was an düsterm Licht der Himmel lieh,
Bot unsern angsterschütterten Gemüthern
Gewißheit fast unmittelbaren Tods,
Den ich für mich mit Freuden hätt' umarmt,
Allein das stete Weinen meiner Frau,
Die vorbeweinte was sie kommen sah,
Und das Gewimmer meiner holden Kleinen,
Die nur mitweinten, keiner Furcht bewußt,
Hieß mich nach Aufschub spähn für sie und mich —
Nur den gab's noch, kein ander Mittel sonst.
Die Schiffer suchten Heil in unserm Boot,
Und ließen uns das Schiff, zum Sinken reif.
Mein Weib, besorgter für den Erstgebornen,
Band ihn an einen kleinen Nothmast fest,
Womit sich Schiffer für den Sturm versehn,
Und mit ihm der gekauften Kinder eins,
Indeß ich für die beiden andern sorgte.
Die Kinder so vertheilet, banden wir,
Mein Weib und ich, die Augen wie die Sorge
Aufs Gleiche richtend, an des Mastes Enden
Uns fest und trieben, mit dem Strome schwimmend,
Wie es uns schien gerade nach Korinth.
Endlich blickt' auch die Sonne wieder durch
Und scheuchte das uns feindliche Gewölk;
Und unterm Einfluß des ersehnten Lichts
Beruhigte das Meer sich; wir entdeckten
Zwei Schiffe aus der Ferne sich uns nahn,
Eins von Korinth, von Epidaurus eins.
Doch eh sie kamen — o, verlang' nicht mehr!
Errath was folgt aus dem was ging vorher.

Herzog.

Nein, Alter, fahre fort, brich so nicht ab;
Mitleid, wenngleich nicht Gnade, darf ich üben.

Aegeon.

O, hätten so die Götter einst gefühlt,
Braucht' ich sie jetzt nicht mitleidslos zu nennen!
Die Schiffe waren noch zehn Meilen fern,
Da stießen wir auf ein gewaltig Riff
Und prallten so mit Macht dawider an,
Daß unser Nothschiff in der Mitte barst;
Sodaß bei dieser ungerechten Scheidung
Das Schicksal jedem von uns beiden ließ,
Was uns Entzücken, was uns Sorgen schafft:
Ihr Theil, der Aermsten, das beladen wol
Mit mindrer Fracht, wenn auch nicht minderm Gram,
Ward schneller fortgetrieben von dem Wind;
Und aufgefangen sah ich alle drei
Von Fischern aus Korinth, so schien es mir.
Ein andres Schiff traf endlich dann auf uns
Und gab, als man erkannt wen man gerettet,
Hülfreichen Willkomm den Gescheiterten,
Hätt' ihren Raub auch abgejagt den Fischern,
Doch gar zu schlecht besegelt war das Boot,
Und deshalb lenkte man der Heimat zu. —
So wißt Ihr nun, wie ich das Glück verlor,
Und Unglück mir das Leben nur verlängert,
Die Mär zu künden meines Misgeschicks.

Herzog.

Und ihrethalb, um welche du dich grämst,
Sei so gefällig und erzähle noch,
Wie's ihnen und wie's dir bisjetzt erging.

Aegeon.

Mein jüngstes Kind, doch meine ältste Sorge,
Fing an mit achtzehn Jahren viel zu fragen
Nach seinem Bruder und bestürmte mich,
Daß ihn sein Diener — dem ganz ebenso
Von seinem Bruder nur der Name blieb —
Begleiten dürfe, um ihm nachzuforschen.
Aus Sehnsucht, mein verlornes Kind zu sehn,
Wagt' ich des heißgeliebten Sohns Verlust.
Fünf Sommer hab' im fernsten Griechenland
Ich zugebracht, ganz Asien durchschweift,
Und kam heimkehrend jetzt nach Ephesus,
Zwar hoffnungslos, doch hier, wie überall
Wo Menschen sind, zu suchen noch bemüht.

Hier endet die Geschichte meines Lebens;
Und segnen wollt' ich meinen frühen Tod,
Wüßt' ich durch alle meine Reisen nur: sie leben.

Herzog.

Unglücklicher Aegeon, dem das Los
Solch Uebermaß der Leiden vorbestimmt,
O glaub' mir, wär's nicht gegen das Gesetz,
Nicht gegen meine Krone, Pflicht und Würde,
Die, wollt' er auch, kein Fürst mißachten darf,
So spräch' als Anwalt nun mein Herz für dich.
Doch, ob du gleich zum Tod verurtheilt bist,
Und ohne großen Eintrag unsrer Ehre
Ein Spruch nicht widerrufen werden darf,
Will ich dir gnädig sein soweit ich kann.
Drum schenk' ich dir den heut'gen Tag; nun suche
Nach Hülfe, die dein Leben retten kann,
Klopf' an bei allen deinen Freunden hier,
Borg' oder bettle den Betrag, und lebe;
Gelingt dir's nicht, bist du verdammt zu sterben. —
Schließer, hab Acht auf ihn.

Kerkermeister.

Es soll geschehn, mein Fürst.

Aegeon.

So geht Aegeon, hülf- und hoffnungslos,
Sein Lebensende zu vertagen bloß.

(Alle ab.)

Zweite Scene.

Ein öffentlicher Platz.

Antipholus von Syrakus und Dromio von Syrakus nebst einem Kaufmann treten auf.

Kaufmann.

Deshalb gebt vor, Ihr wärt aus Epidamnum;
Sonst legt man gleich auf Euer Gut Beschlag.
Erst heute ward ein syrakuser Kaufmann
Verhaftet, weil er sich hierher gewagt;

Und weil er nicht sein Leben lösen kann,
Stirbt er nach den Gesetzen unsrer Stadt,
Noch eh die müde Sonn' im Westen sinkt.
Hier ist das Geld, das ich für Euch verwahrt.

Antipholus von Syrakus.

Geh, trag's in den Centauren wo wir wohnen,
Und bleib dort, bis ich komme, Dromio.
In einer Stund' ist's Mittagessenszeit;
Bis dahin will ich mir die Stadt beschaun,
Die Läden mustern, die Gebäulichkeiten,
Und dann in meinem Gasthof schlafen gehn;
Vom langen Reisen bin ich müd und steif.
Geh, mach dich fort.

Dromio von Syrakus.

Gar mancher nähm' Euch wol beim Wort und ging'
Mit solchem hübschen Mittel wirklich fort.
(Dromio ab.)

Antipholus von Syrakus.

Ein treuer Bursche, Herr, der mir sehr oft,
Wenn Sorge mich und Schwermuth niederdrückt,
Mit seinen Späßen wieder leichter macht.
Wie ist's, begleitet Ihr mich durch die Stadt
Und speist in meinem Gasthof dann mit mir?

Kaufmann.

Ich bin zu ein'gen Handelsherrn bestellt,
An denen ich viel zu verdienen hoffe;
Deshalb entschuldigt mich. Doch gegen fünf
Treff' ich Euch, wenn's Euch recht ist, auf dem Markt
Und bleib' dann bei Euch bis zur Schlafenszeit;
Für jetzt ruft mein Geschäft mich weg von Euch.

Antipholus von Syrakus.

Lebt wohl indeß. Ich will ein bischen schlendern
Und mir gemächlich eure Stadt besehn.

Kaufmann.

Ich wünsch' Euch viel Vergnügen mit Euch selbst.
(Ab.)

Antipholus von Syrakus.

Wer mir Vergnügen mit mir selber wünscht,

Erster Aufzug. Zweite Scene.

Der wünscht mir was ich nicht erlangen kann.
Dem Tropfen Wasser gleich' ich auf der Welt,
Der einen andern Tropfen sucht im Meer
Und, während er hineinstürzt ihn zu finden,
Sich ungesehn beim Suchen drin verliert:
So ich; derweil ich Bruder such' und Mutter,
Verlier' ich mich Unsel'gen selbst dabei.
(Dromio von Ephesus tritt auf.)
Da kommt mein richt'ger Zeitkalender wieder. —
Was gibt's? was kehrst du denn so bald zurück?

Dromio von Ephesus.

So bald zurück! sagt lieber doch: zu spät!
Das Huhn verbrennt, das Ferkel fällt vom Spieß,
Die Uhr schlug auf der Glocke zwölfe schon,
Und Eure Frau auf meiner Backe eins;
Sie ist so hitzig, weil das Essen kalt ist,
Das Essen kalt, weil Ihr nach Haus nicht kommt;
Ihr kommt nach Hause nicht, weil Euch nicht hungert;
Euch hungert nicht, weil Ihr dies Fasten bracht;
Doch wir, die Fasten kennen und Gebet,
Wir müssen büßen was Ihr heut verseht.

Antipholus von Syrakus.

Spar' deinen Athem, Kerl, und sage mir:
Wo ließest du das Geld, das ich dir gab?

Dromio von Ephesus.

O, die sechs Pfennige von Mittwoch her
Für einen Schwanzriem meiner gnäb'gen Frau —
Die hat der Sattler, ich behielt sie nicht.

Antipholus von Syrakus.

Ich bin jetzt nicht zum Scherzen aufgelegt;
Sag' mir und flunkre nicht: wo ist das Geld?
Wir sind hier fremd, wie wagtest du es nur
Solch große Summe unbewacht zu lassen?

Dromio von Ephesus.

Herr, wenn Ihr spaßen wollt, so thut's bei Tisch.
Ich komm' von Eurer Frau zu Euch als Post;
Und kehr' ich heim, so macht sie mich zum Posten
Und kerbt mir Eure Schuld auf meinen Kopf.

Tragt Ihr denn keine Uhr, wie ich, im Magen,
Die ohne Boten Euch nach Hause schlägt?

     Antipholus von Syrakus.

Geh, Dromio, geh; jetzt ist nicht Zeit zum Spaß,
Spar' ihn für lustigere Stunden auf.
Wo ist das Gold, das ich bir übergab?

     Dromio von Ephesus.

Mir übergabt, Herr? Ihr gabt mir kein Gold.

     Antipholus von Syrakus.

Hört mich, Herr Strolch, laßt Eure Possen jetzt!
Wie hast du meinen Auftrag ausgeführt?

     Dromio von Ephesus.

Mein Auftrag war nur, Euch vom Markt zu holen
Zum Essen in den Phönix, Euer Haus,
Wo auf Euch warten Frau und Schwägerin.

     Antipholus von Syrakus.

So wahr ich Christ bin, steh mir Rede, Kerl,
An welchem Orte du mein Geld verwahrt;
Sonst schlag' ich dir den lust'gen Schädel ein,
Der spaßt, wenn es mir nicht ums Spaßen ist.
Wo sind die tausend Mark, die ich bir gab?

     Dromio von Ephesus.

Mein Kopf hat ein'ge Marken zwar von Euch,
Und auch mein Rücken ein'ge von der Frau,
Doch keine tausend gabt ihr beide mir;
Wollt' ich sie Euer Gnaden heimbezahlen,
Ihr hieltet sie wol kaum gedulbig aus.

     Antipholus von Syrakus.

Was, Marken von der Frau! Kerl, welcher Frau?

     Dromio von Ephesus.

Eu'r Gnaden Frau im Phönix, meine Herrin;
Sie fastet, bis Ihr heim zum Essen kommt,
Und betet, daß Ihr rasch zum Essen kommt.

     Antipholus von Syrakus.

Was? hänselst du mich noch ins Angesicht,
Trotzdem ich's dir verbot? Da, nimm das, Schlingel.
     (Schlägt ihn.)

Dromio von Ephesus.

Um Gotteswill'n, laßt Eure Hände ruhn!
Ihr wollt nicht? nun so brauch' ich meine Fersen.
(Ab.)

Antipholus von Syrakus.

So wahr ich leb', durch einen Gaunerstreich
Hat man den Kerl um all mein Geld geprellt.
Die Stadt soll voll sein von Betrug und List,
Von Taschenspielern, die das Auge täuschen,
Schwarzkünstlern, seelenmörderischen Hexen,
Durch Zauberei verwandelnd Geist und Leib,
Marktschreiern, allerhand verlarvten Dieben,
Und solcherlei verruchtem Packe mehr.
Ist dem so, reis' ich um so schneller ab.
Jetzt such' ich im Centauren meinen Knecht;
Ich fürchte sehr, mit meinem Geld steht's schlecht.
(Ab.)

Zweiter Aufzug.

Erste Scene.

Hof im Hause des Antipholus von Ephesus.

Adriana und Luciana.

Adriana.

Mein Mann kommt nicht, und auch der Diener nicht,
Den ich so eilig ausgesandt nach ihm!
's ist zwei Uhr, Luciana, ganz gewiß.

Luciana.

Vielleicht hat ihn ein Kaufmann eingeladen,
Und er ging gleich vom Markt wohin zu Tisch.
Wir wollen speisen, ärgere dich nicht;
Ein Mann ist über seine Freiheit Herr,

Sein Herr die Zeit; und wie die Zeit es gibt,
Geht er und kommt: drum sei geduldig, Schwester.

Adriana.

Warum steht einem Mann mehr Freiheit zu?

Luciana.

Dein Mann schafft draußen, und im Hause du.

Adriana.

Macht' ich's wie er, er zög' ein schief Gesicht.

Luciana.

Sein Wille ist dein Zaum, verkenn' es nicht.

Adriana.

Ein Esel ist, wer solchen Zaum erträgt.

Luciana.

Unbänd'ge Freiheit, die sich selber schlägt!
Ist in der Luft, auf Erden und im Schoß
Des Meeres irgendetwas schrankenlos?
Selbst bei dem Thier, bei Fisch und Vogel schon
Ist doch das Männchen stets die Hauptperson.
Der Mann, viel göttlicher, zum Herrn bestellt
Der wilden Wasser und der weiten Welt,
Der Mann, den Seele, den Vernunft belebt
Und über Fisch und Vogel hoch erhebt,
Soll seines Weibes Herr und Meister sein;
In seinen Willen stimm' es fügsam ein.

Adriana.

Solch Sclaventhum hält dich wol ledig, Kind?

Luciana.

Ich glaub', daß es des Ehbetts Sorgen sind.

Adriana.

Wärst du nur Frau, regiertest du recht gern.

Luciana.

Gehorsam üb' ich, eh ich lieben lern'.

Adriana.

Doch trieb' dein Mann sich anderswo umher?

Luciana.

Ich trüg's geduldig bis zur Wiederkehr.

Adriana.

Geduld, die man nicht reizt, die reißt auch nicht;
Sanft sein ist leicht, wenn nichts dagegen spricht.
Ein armes Wesen wund von Herzeleid
Ermahnen wir zur Ruhe, wenn es schreit;
Doch drückte gleicher Kummer uns gleich schwer,
Wir klagten ebenso, vielleicht noch mehr.
So predigst, Schwester, du, noch unvermählt,
Mir leicht Geduld, wenn mich mein Gatte quält;
Heirath' einmal und werd' gekränkt wie ich,
Die alberne Geduld läßt dich im Stich.

Luciana.

Zur Probe bin ich eines Tags bereit. —
Da kommt dein Bursch, dein Mann ist auch nicht weit.

(Dromio von Ephesus tritt auf.)

Adriana.

Sprich, ist dein säum'ger Herr nun bald zur Hand?

Dromio von Ephesus.

Nein, er war mit beiden Händen bei mir, das können meine beiden Ohren bezeugen.

Adriana.

Sprachst du mit ihm? Was hat er denn im Sinn?

Dromio von Ephesus.

O weh! das hat er mir ins Ohr gesagt —
Verfluchte Handschrift, die ich kaum verstand.

Luciana.

Sprach er so unverständlich, daß du seine Meinung nicht heraus=
fühlen konntest?

Dromio von Ephesus.

Nein, er schlug so deutlich, daß ich seine Hiebe nur zu gut fühlte; und doch zugleich so dunkel, daß es kaum zum Aushalten war.

Adriana.

Doch sag', ich bitte dich, kommt er nach Haus?
Es scheint ihm sehr um seine Frau zu thun!

Dromio von Ephesus.
Herrin, der Herr ist horntoll.
Adriana.
Horntoll, Kerl?
Dromio von Ephesus.
Stiertoll, nicht hahnreitoll; doch sicher toll.
Als ich ihn bat, zum Essen heim zu gehn,
Verlangt' er tausend Mark in Gold von mir:
„'s ist Essenszeit", sagt' ich; „Mein Gold!" sagt' er;
„Eu'r Mahl brennt an", sagt' ich; „Mein Gold!" sagt' er;
„Kommt Ihr nach Haus?" sagt' ich; „Mein Gold!" sagt' er,
„Wo hast du meine tausend Mark, du Schuft?"
„Das Fleisch brennt an", sagt' ich; „Mein Gold!" sagt' er;
„Die gnäd'ge Frau —" sagt' ich; „Häng deine Frau!
Weiß nichts von deiner Frau; weg deine Frau!"
Luciana.
Sagt' wer?
Dromio von Ephesus.
Sagt' er, mein Herr;
„Weiß nichts", sagt' er, „von Haus; noch Weib, noch Frau."
So trag' ich meine Botschaft, Dank sei ihm,
Statt auf der Zunge auf den Schultern heim;
Denn kurz und gut, er prügelte mich her.
Adriana.
Geh noch einmal zurück und hol' ihn heim.
Dromio von Ephesus.
Geh noch einmal und komm mit Prügeln heim?
Schickt einen andern Boten, ich beschwör' Euch.
Adriana.
Geh, sonst schlag' ich den Kopf dir kreuzweis ein.
Dromio von Ephesus.
Und er schlägt noch ein andres Kreuz darüber:
So krieg' ich einen Heil'genschein durch euch.
Adriana.
Fort, dummer Schwätzer, hol' den Herrn nach Haus.
Dromio von Ephesus.
Bin ich so rund mit Euch wie Ihr mit mir,
Daß Ihr wie einen Fußball fort mich stoßt?

Ihr dahin, dorthin er: so stößt mich jeder;
Soll ich das überdauern, näht mich erst ein in Leder.
(Ab.)

Luciana.

Pfui, wie der Unmuth dein Gesicht entstellt!

Adriana.

Indeß er sich beim Liebchen unterhält,
Schmacht' ich daheim nach einem Lächeln nur.
Nahm runzlich Alter schon der Schönheit Spur
Von meiner Wange? Er hat sie zerstört.
Hat Witz und Laune bei mir aufgehört?
Wenn meiner Rede leichter Fluß erstarrt,
That's seine Barschheit, mehr als Marmor hart.
Verlockt ihn Andrer Putz abseits vom Pfad?
Ich bin nicht schuld; er kauft mir meinen Staat.
Und bin ich im Verfall, bin ich's durch ihn;
Ihm dank' ich die Entstellung, den Ruin.
Ein Sonnenblick von ihm, und sicher bald
Erblühte neu die welkende Gestalt.
Doch mein unbänd'ger Hirsch, auf fremder Au
Vergnügt er sich; ich bin nur da zur Schau.

Luciana.

Selbstqual der Eifersucht! Pfui, schäm' dich doch!

Adriana.

Gefühllos müßt' ich sein, ertrüg' ich's noch.
Ich weiß, er schweift auf anderem Revier;
Wär' es nicht so, warum ist er nicht hier?
Wollt' er die Kette, die er mir versprach,
Allein, allein mir vorenthalten, ach,
So sucht' er gern in seinem Bett noch Rast!
Ich seh's, ein Kleinod noch so reich gefaßt
Verliert den Glanz. Gold bleibt zwar immer Gold,
Doch wenn's von einem oft zum andern rollt,
Nützt es sich ab. Ein Name noch so rein
Verliert durch Falschheit seinen hellen Schein.
Ist er denn meiner Schönheit nicht mehr froh,
Verwein' ich noch den Rest und sterbe so.

Luciana.

Was macht doch Eifersucht für Narren, oh!
(Ab.)

Zweite Scene.

Oeffentlicher Platz.

Antipholus von Syrakus tritt auf.

Antipholus von Syrakus.

Das Gold, das ich an Dromio gab, liegt gut
Verwahrt im Gasthof; der vorsicht'ge Bursch
Ist ausgegangen wol und sucht mich auf.
Nach meiner Rechnung und des Wirths Bericht
Konnt' ich ihn noch nicht sprechen, seit ich ihn
Vom Markte weggeschickt. Da kommt er ja.
(Dromio von Syrakus tritt auf.)
Nun, Freund, ist dir die Lustigkeit vergangen?
Spaß' wieder mit mir, wenn du Prügel liebst!
Du weißt nichts vom Centaur? bekamst kein Gold?
Die Frau schickt dich, um mich zu Tisch zu holen?
Zum Phönix heißt mein Haus? Warst du verrückt,
Daß du mir so verrückte Antwort gabst?

Dromio von Syrakus.

Herr, was für Antwort? und wann sagt' ich das?

Antipholus von Syrakus.

Jetzt eben, hier, vor keiner halben Stunde.

Dromio von Syrakus.

Ich sah Euch nicht, seit Ihr mich fortgeschickt,
In den Centauren heim, mit Euerm Gold.

Antipholus von Syrakus.

Du leugnetest ja, Kerl, des Golds Empfang
Und sprachst von einem Essen, einer Frau;
Du fühltest, hoff' ich, wie mir das mißfiel.

Dromio von Syrakus.

Es freut mich Euch so aufgeräumt zu sehn.
Was soll der Scherz? ich bitt' Euch, sagt mir's, Herr.

Antipholus von Syrakus.

So? spottest du und höhnst mich ins Gesicht?
Glaubst du, ich scherze? Da, nimm dies, und dies.
(Schlägt ihn.)

Dromio von Syrakus.

Um Gotteswillen, halt! der Scherz wird Ernst;
Auf welchen Handel zahlt Ihr mich so aus?

Antipholus von Syrakus.

Weil ich manchmal vertraulich dich als Narren
Gebrauch' und mit dir schäkre, so misbrauchst
Du meine Freundlichkeit so frech und machst
Zum Tummelplatz auch meine ernsten Stunden.
Die Mücke gaukle wenn die Sonne scheint,
Und kriech' in Spalten wenn ihr Glanz sich birgt:
Willst du mich necken, schau zuvor mich an
Und richte deinen Witz nach meinen Blicken;
Sonst gerb' ich dir dein Fell, bis du es lernst.

Dromio von Syrakus.

Fell nennt Ihr das? Wenn Ihr das Gerben bleiben ließt, möcht' ich es eher für einen Kopf halten. Wenn Ihr aber so fort prügelt, muß ich mir allerdings ein Fell über den Kopf ziehen, sonst kann ich nur mein bißchen Verstand in meinem Rücken suchen. Aber ich bitt' Euch, Herr, warum werd' ich geprügelt?

Antipholus von Syrakus.

Das weißt du nicht?

Dromio von Syrakus.

Nichts weiß ich, Herr, als daß ich geprügelt werde.

Antipholus von Syrakus.

Soll ich dir's sagen, warum?

Dromio von Syrakus.

Ja, Herr, und wofür; denn man sagt, jedes Warum habe sein Wofür.

Antipholus von Syrakus.

Erstens warum — weil Du mich höhnst; und dann
Wofür — weil du's zum zweiten male thust.

Dromio von Syrakus.

Ward je ein Mensch so ohne Grund geprügelt wie ich's bin?
Denn in dem Warum und in dem Wofür steckt weder Reim noch Sinn.
Gut, Herr, ich dank' Euch.

Antipholus von Syrakus.
Dankst mir, Freund? wofür?

Dromio von Syrakus.
Ei nun, Herr, für das Etwas, das Ihr mir für Nichts gegeben habt.

Antipholus von Syrakus.
Ich werd' es nächstens wieder gutmachen und dir Nichts für Etwas geben. Aber sag', Bursch, ist's nicht Essenszeit?

Dromio von Syrakus.
Nein, Herr; ich glaube, dem Fleisch fehlt noch, was mir schon zutheil geworden.

Antipholus von Syrakus.
Und darf ich fragen, Freund, was das ist?

Dromio von Syrakus.
Das Klopfen.

Antipholus von Syrakus.
Dann wird es freilich nicht mürbe sein.

Dromio von Syrakus.
Dann bitt' ich Euch, Herr, eßt nicht davon.

Antipholus von Syrakus.
Dein Grund?

Dromio von Syrakus.
Es könnte Euch cholerisch machen, und Ihr klopftet mich noch einmal mürbe.

Antipholus von Syrakus.
So lerne künftig zu rechter Zeit spaßen, mein Freund; jedes Ding hat seine Zeit.

Dromio von Syrakus.
Das hätt' ich Euch glatt weggeleugnet, eh Ihr so cholerisch wart.

Antipholus von Syrakus.
Wie so, mein Freund?

Dromio von Syrakus.
So glatt wie des Zeitgotts kahler Schädel selber.

Antipholus von Syrakus.
Laß hören.
Dromio von Syrakus.
Niemand hat Zeit sein Haar wieder zu kriegen, wenn die Natur ihn einmal kahl gemacht hat.
Antipholus von Syrakus.
Aber der Schaden läßt sich doch auf irgendeine Weise wieder ersetzen?
Dromio von Syrakus.
Ja, wenn er eine Perrüke bezahlt und ihm ein andrer Mann sein verlornes Haar ersetzt.
Antipholus von Syrakus.
Warum ist denn die Zeit so knickerig mit dem Haar, da es doch ein so reichlicher Auswuchs ist?
Dromio von Syrakus.
Weil es ein Segen ist, den sie dem Vieh verleiht; und was sie dem Menschen an Haar abzieht, das legt sie ihm zu an Verstand.
Antipholus von Syrakus.
Und doch gibt es viele Menschen, die mehr Haar haben als Verstand.
Dromio von Syrakus.
Aber auch von ihnen hat jeder noch Verstand genug, sein Haar zu verlieren.
Antipholus von Syrakus.
Du erklärtest ja haarigte Leute für Einfaltspinsel ohne Verstand.
Dromio von Syrakus.
Je einfältiger einer ist, desto schneller verliert er es; doch verliert er es mit einer Art von Genuß.
Antipholus von Syrakus.
Aus welchem Grund?
Dromio von Syrakus.
Aus zwei Gründen, und aus sehr gesunden.
Antipholus von Syrakus.
O nein, aus gesunden nicht.

Dromio von Syrakus.

Aus sichern denn.

Antipholus von Syrakus.

Sicher in einer so unsichern Sache, nein —

Dromio von Syrakus.

Aus gewissen denn.

Antipholus von Syrakus.

Nenne sie.

Dromio von Syrakus.

Erstens, er spart das Geld fürs Frisiren; zweitens, können sie ihm bei Tisch nicht in die Suppe fallen.

Antipholus von Syrakus.

Du wolltest aber die ganze Zeit über beweisen, daß nicht jedes Ding seine Zeit habe.

Dromio von Syrakus.

Und das hab' ich auch gethan, Herr; nämlich ausgefallenes Haar hat keine Zeit wieder zu wachsen.

Antipholus von Syrakus.

Aber dein Grund war nicht stichhaltig, warum es keine Zeit für dasselbe gäbe wieder zu wachsen.

Dromio von Syrakus.

So will ich ihn hiermit verbessern: die Zeit selber ist kahl, und darum wird sie bis zu der Welt Ende kahle Nachfolger haben.

Antipholus von Syrakus.

Ich dachte mir, es würde auf einen kahlen Schluß hinauslaufen. Aber still! Wer winkt uns dort?

(Adriana und Luciana treten auf.)

Adriana.

Antipholus, ja blick' nur fremd und kalt;
Ein andres Liebchen schaust du zärtlich an,
Ich bin nicht Adriana, nicht dein Weib.
's gab eine Zeit, da du aus freien Stücken
Mir schwurst, kein Wort sei deinem Ohr Musik,
Kein Gegenstand erfreulich deinem Aug',
Kein Händedruck willkommen deiner Hand,
Wohlschmeckend deinem Gaumen kein Gericht,
Spräch' ich, blickt' ich, drückt' ich, reicht' ich dir's nicht.

Wie kommt es nun, mein Gatte, o wie kommt's,
Daß du dir selber so entfrembet bist?
Dir, sag' ich, weil du mir es bist, die ich,
Dir einverleibt, untrennbar, besser bin
Als deines theuren Selbstes besserer Theil.
O Theurer, reiße dich nicht los von mir!
Glaub' mir, du ließest in die wilde Flut
Gerad so leicht ein Wassertröpfchen fallen
Und nähmst es wieder unvermischt heraus
Und ohne Zusatz oder Minderung,
Als du aus mir dich nähmst und mich nicht mit.
Wie ging' es dir in tiefster Seele nah,
Wenn du nur hörtest, daß ich unkeusch sei,
Und dieser Leib, der dir geheiligt ist,
Befleckt sich habe mit gemeiner Lust!
Würd'st du nicht anspein mich, mit Füßen treten,
Den Namen Gatte ins Gesicht mir schleudern,
Die Haut mir zerren von der Buhlerstirn,
Den Trauring schneiden von der falschen Hand
Und, ew'ge Scheidung schwörend, ihn zerbrechen?
Ich weiß, du kannst es; also thu es auch.
Ich trag' des Ehbruchs Makel an der Stirn,
Verbrecherische Lust rast mir im Blut;
Denn sind wir beide eins, und bist du falsch,
So theil' ich die Vergiftung deines Fleisches
Und werde von dir angesteckt zur Metze.
Drum halte Bund und Ehbett unversehrt,
So leb' ich unbefleckt, du unentehrt.

Antipholus von Syrakus.

Gilt mir das, schöne Frau? Ich kenn' Euch nicht.
In Ephesus bin ich zwei Stunden kaum,
Der Stadt so fremd wie allem was Ihr sagt;
Ich strenge meinen Witz vergeblich an,
Ob ich auch nur ein Wort verstehen kann.

Luciana.

Pfui, Schwager, wie verwandelt habt Ihr Euch!
Wann gingt Ihr so mit meiner Schwester um?
Sie rief durch Dromio Euch zum Essen heim.

Antipholus von Syrakus.

Durch Dromio?

Dromio von Syrakus.

Durch mich?

Adriana.

Durch dich; und du kamst mit der Nachricht heim,
Er habe dich geprügelt und dabei
Mein Haus als seins, mich als sein Weib verleugnet.

Antipholus von Syrakus.

Kerl, gingst du je mit dieser Dame um?
Woher dies Einverständniß zwischen euch?

Dromio von Syrakus.

Ich, Herr? ich hab' sie nie gesehn bis jetzt.

Antipholus von Syrakus.

Das lügst du, Bursch; denn was sie hier gesagt,
Hast du mir ausgerichtet auf dem Markt.

Dromio von Syrakus.

In meinem Leben sprach ich nicht mit ihr.

Antipholus von Syrakus.

Wie kommt's dann, daß sie uns mit Namen nennt?
Hat ihr der Himmel sie geoffenbart?

Adriana.

Wie steht es deiner Würde schlecht, daß du
Mit deinem Diener dich so grob verstellst
Und meinen Zorn durch ihn zu reizen suchst!
Daß du dich mir entziehst, ist Unrecht schon;
Häuf' Unrecht nicht auf Unrecht noch durch Hohn!
Komm, dir am Arm festklammern will ich mich;
Du bist die Ulme, Mann, die Rebe ich,
Die deinem kräft'gen Stamme sich vermählt,
An deiner Stärke ihre Schwäche stählt;
Wenn mich von dir was trennt, ist's Unkraut blos,
Gesträupp, Schmarotzerepheu, unnütz Moos,
Das, wenn man's nicht beschneidet, mit Verderben
Dein Mark erfüllt und lebt von deinem Sterben.

Antipholus von Syrakus.

Zu mir spricht sie, ich bin's, auf den sie schaut:
Ward ich im Traum vielleicht ihr angetraut?
Schlaf' ich noch jetzt und denk', all dies geh' vor?
Was für ein Wahn berückt uns Aug' und Ohr?

Am besten wol, bis sich das Dunkel klärt,
Wird der gebotne Trug von mir genährt.
Luciana.
Geh, Dromio, heiß' die Diener decken, geh.
Dromio von Syrakus.
Mein Rosenkranz! Ich schlag' ein Kreuz! O weh!
Dies ist das Feenland, bei meiner Seel'!
Geist, Kauz und Kobold geben uns Befehl;
Thun wir nicht, was sie wollen, ganz genau,
Saugt man uns todt und zwickt uns schwarz und blau.
Luciana.
Was schwatzest du für dich, und antwortst nicht?
Dromio, du Drohne, Schnecke, Faulpelz, Wicht!
Dromio von Syrakus.
Ach, Herr, ich bin verwandelt! bin ich 's nicht?
Antipholus von Syrakus.
Ich glaub', du bist's, der Seele nach, wie ich.
Dromio von Syrakus.
Nein, Herr, an Seel' und Leib.
Antipholus von Syrakus.
     Nein, dummer Laffe,
Den hast du noch.
Dromio von Syrakus.
  Nein, Herr, ich bin ein Affe.
Luciana.
Ein Esel wurdest du, wenn irgendwas.
Dromio von Syrakus.
Ach ja, sie reitet mich, ich fresse Gras.
Ein Esel bin ich, ja — potz Element!
Ich müßt' sie kennen sonst, wie sie mich kennt.
Adriana.
Kommt, kommt; ich will nicht länger thöricht sein,
Den Finger in die Augen thun und weinen,
Da Herr und Diener meines Grames spotten.
Zu Tisch jetzt! — Dromio, hüte du das Thor.

Ich will heut oben mit dir speisen, Mann,
Wo du mir tausend Streiche beichten sollst. —
Fragt man nach deinem Herrn, so sage, Bursch,
Er speise auswärts; und laß niemand ein. —
Komm, Schwester. — Dromio, hüte wohl die Thür.

Antipholus von Syrakus.

Ist Erde, Himmel, oder Hölle hier?
Schlaf' oder wach' ich? Bin ich bei Verstand?
Sie kennen mich; ich bin mir unbekannt!
Wohl, ich will ihnen alles zugestehn
Und blind durch diese Abenteuer gehn.

Dromio von Syrakus.

So soll ich wirklich hier der Pförtner sein?

Adriana.

Und wehe dir, läßt du mir jemand ein!

Luciana.

Zum Essen endlich, Schwager, kommt herein.

(Alle ab.)

Dritter Aufzug.

Erste Scene.

Vor dem Hause des Antipholus von Ephesus.

Es treten auf: Antipholus von Ephesus, Dromio von Ephesus, Angelo und Balthasar.

Antipholus von Ephesus.

Ihr müßt uns, Signor Angelo, entschuld'gen;
Kehr' ich zur Zeit nicht heim, so zankt mein Weib.
Sagt, daß ich mit Euch in der Werkstatt blieb,
Zu sorgen daß das Halsband fertig würde,
Und daß Ihr morgen es ihr bringen wollt.

Denkt Euch, der Schuft hier schwört mir ins Gesicht,
Ich hätt' ihn durchgeprügelt auf dem Markt,
Und tausend Mark in Gold von ihm begehrt,
Und meine Frau verleugnet und mein Haus. —
Du Trunkenbold, was meintest du damit?

Dromio von Ephesus.

Sagt was Ihr wollt, Herr, doch ich weiß was ich weiß.
Daß Ihr auf dem Markt mich schlugt, hab' ich Eurer Hand Beweis;
Laßt mein Fell Pergament und Eure Schläge Tinte sein,
Und Eure Handschrift wird Euch sagen was ich mein'.

Antipholus von Ephesus.

Ich mein', du seist ein Esel.

Dromio von Ephesus.

    Meiner Seel', so scheint es fast,
Denn ich krieg' nur Prügel und ertrage die Last;
Schlüg' ich aus wenn man mich schlägt, und hätt's Euch so gemacht,
Dann nähmt Ihr vor meinem Huf und dem Esel Euch in Acht.

Antipholus von Ephesus.

So ernst, Signor Balthasar? Gebe Gott, das Mahl
Fall' aus nach meinem Wunsch und Euerm Willkomm zumal.

Balthasar.

Hoch schätz' ich Euern Willkomm und brauch' kein Bacchanal.

Antipholus von Ephesus.

O, Signor Balthasar, nur bei Fleisch oder Fisch;
Eine ganze Tafel voll Willkomm macht noch keinen leckern Tisch.

Balthasar.

Gut Essen ist gemein, Herr; jeder Bauer gibt das auch.

Antipholus von Ephesus.

Willkomm noch gemeiner, denn Worte sind nur Hauch.

Balthasar.

Wenig Essen, viel Willkomm — macht ein lustig Fest.

Antipholus von Ephesus.

Ja für einen Filz von Wirth und noch schäbigere Gäst'!
Doch nehmet heut vorlieb, wenn auch schlecht ein Gericht;

Beſſern Tiſch könnt Ihr finden, aber beſſern Willen nicht.
Doch halt! das Thor iſt zu. — Geh, heiß' ſie öffnen ſchnell.

Dromio von Epheſus.

He, Lucie, Mariann', Brigitte, Käthe, Nell!

Dromio von Syrakus (von innen).

Tropf, Pinſel, Eſel, Lump, Freund Liederlich!
Pack' weg dich von der Thür, oder ſetz' aufs Gatter dich.
Was beſchwörſt du für einen Haufen Weibsbilder da hervor?
An einer iſt's ſchon um eine zu viel. Geh, ſcher' dich von dem Thor.

Dromio von Epheſus.

Was für ein Lump von Pförtner! Mein Herr ſteht auf der Gaſſ'.

Dromio von Syrakus (von innen).

Laß ihn hingehn wo er herkommt, ſonſt macht er die Füße naß.

Antipholus von Epheſus.

Wer ſpricht da drinnen? He, öffne die Thür!

Dromio von Syrakus (von innen).

Schön, Herr, ich ſag' Euch wann, wenn Ihr mir ſagt wofür.

Antipholus von Epheſus.

Wofür? Um zu ſpeiſen; ich hab' heut nicht geſpeiſt.

Dromio von Syrakus (von innen).

Und ſollt's auch heute hier nicht; kommt wieder wenn's Euch beißt.

Antipholus von Epheſus.

Wer biſt du? was ſperrſt du aus meinem Haus mich ſo?

Dromio von Syrakus (von innen).

Zur Zeit, Herr, hier Pförtner; und mein Nam' iſt Dromio.

Dromio von Epheſus.

O Schurke, du haſt geſtohlen mir Namen und Dienſt fürwahr;
Der brachte nie Credit mir, der andre nur Prügel in baar.
Wärſt du heute Dromio geweſen wie ich,
Statt Dromio hätteſt du lieber dann einen Eſel geheißen dich.

Lucie (von innen).

Wer lärmt hier ſo? Sag', Dromio, wer draußen ſteht.

Dritter Aufzug. Erste Scene.

Dromio von Ephesus.
Laß unsern Herrn ein, Lucie.
Lucie (von innen).
Mein Seel', er kommt zu spät:
Das meld' ihm.
Dromio von Ephesus.
O Gott! das Lachen kommt mir.
Ein Sprichwort her: Wann brech' ich eine Lanze mit dir?
Lucie (von innen).
Ein andres Sprichwort her: Wenn der Kater Junge kriegt.
Dromio von Syrakus (von innen).
O Lucie, wenn du Lucie heißt, den hast du gut besiegt!
Antipholus von Ephesus.
Hör', Schätzchen, du läßt uns jetzt hoffentlich ein?
Lucie (von innen).
Ihr habt den Bescheid schon.
Dromio von Syrakus (von innen).
Und der war: nein.
Dromio von Ephesus.
So, hilf ihr; und Schlag um Schlag: so soll es sein.
Antipholus von Ephesus.
Weibsbild, laß mich hinein.
Lucie (von innen).
Wenn ich nur wüßt' wofür?
Dromio von Ephesus.
Herr, immer tüchtig drauf!
Lucie (von innen).
Pocht, bis sie kracht die Thür.
Antipholus von Ephesus.
Schlag' ich die Thür ein, Schätzchen, so kriegst du deinen Lohn.
Lucie (von innen).
Und Ihr werdet eingesteckt, das habt Ihr dann davon.

                    Adriana (von innen).
Wer ist am Thor, der solchen Heidenlärm macht?
                    Dromio von Syrakus (von innen).
Die Spitzbuben der Stadt sind los, nehmt Euch in Acht.
                    Antipholus von Ephesus.
Bist du's, Frau? Warum kommst du jetzt erst vor?
                    Adriana (von innen).
Eure Frau, Ihr Schuft? Packt Euch weg vom Thor.
                    Dromio von Ephesus.
Müßt Ihr gehn, Herr, schmerzt dieser „Schuft" Euch im Ohr.
                    Angelo.
Hier gibt's weder Mahl noch Willkomm, Herr; wir kriegen keins
                        von beiden.
                    Balthasar.
Wir stritten uns was das beste wär', und müssen nun beides meiden.
                    Dromio von Ephesus.
Dort stehn sie an der Thür, Herr; wollt Ihr sie nicht her bescheiden?
                    Antipholus von Ephesus.
Wir kommen nicht hinein, der Wind ist uns contrair.
                    Dromio von Ephesus.
So könntet Ihr sprechen, Herr, wenn Euer Rock dünn wär'.
Euer Kuchen drin ist warm, und Ihr steht draußen und friert,
Verkauft und verrathen; toll wie ein Bock muß werden wem das
                        passirt!
                    Antipholus von Ephesus.
Erbrechen wir die Thür; hol' was herbei.
                    Dromio von Syrakus (von innen).
Ja brecht nur, und ich brech' Euern Schurkenschädel entzwei.
                    Dromio von Ephesus.
Ein Wort darf er dir brechen, Freund, denn Worte sind nur
                        Wind;
Wer ins Gesicht dir es bricht, ist nicht hinterlistig gesinnt.

Dromio von Syrakus (von innen).

Du hast das Brechen nöthig, scheint's; heraus auf dich, du Rind.
Dromio von Ephesus.
Ich bin schon viel zu viel heraus; drum aufgemacht jetzt, frisch!
Dromio von Syrakus (von innen).
Ja, wenn der Vogel keine Federn mehr hat und keine Finnen
       der Fisch.
Antipholus von Ephesus.
Jetzt brech' ich auf; ein Eisen her, du Galgenvogel da!
Dromio von Ephesus.
Ihr nennt mich Galgenvogel, Herr? da wär' ich selber ja
Der Vogel ohne Federn, wenn kein Fisch auch ohne Finnen.
Wir wollen ein Hühnchen pflücken mit ihm, sind wir erst drinnen.
Antipholus von Ephesus.
Ein Eisen! sag' ich; wird's bald, Dromio?
Balthasar.
Geduld, Herr, übereilt Euch doch nicht so!
Ihr würdet wüthen gegen Euern Ruf
Und selber ziehn in des Verdachts Bereich
Die unbefleckte Ehre Eurer Frau.
Hört! ihre lang' von Euch erprobte Klugheit,
Tugend und Sittsamkeit, ihr Alter sprechen
Für einen Grund bei ihr, den Ihr nicht kennt;
Und zweifelt nicht, rechtfert'gen wird sie sich,
Warum sie heut vor Euch die Thüre schloß.
Folgt mir und zieht jetzt ruhig Euch zurück.
Wir wollen in den Tiger speisen gehn;
Und gegen Abend kommt Ihr dann allein
Und hört den Grund der seltsamen Begegnung.
Brächt Ihr jetzt mit Gewalt in Eure Thür,
Am Tag, wo alle Welt vorübergeht,
So würd' ein lautes Stadtgespräch daraus,
Das, vom gemeinen Volk für wahr gehalten,
Leicht Euerm bis jetzt unversehrten Ruf
Anhängen könnte einen bösen Fleck,
Der nach dem Tod ins Grab Euch folgen wird;
Denn wo Verleumdung eindrang in ein Haus,
Nichts, wenn sie Wurzel faßt, reißt sie mehr aus.

Antipholus von Ephesus.

Ihr überzeugt mich. Ich will ruhig gehn
Und lustig sein, der Lustigkeit zum Trotz.
Ich weiß ein unterhaltend Frauenzimmer,
Witzig und hübsch, wild und dabei doch sanft:
Dort speisen wir. Besagtes Mädchen ward
Von meiner Frau — doch, schwör' ich, ohne Grund —
Schon manchesmal mir vorgerückt: bei ihr
Laßt uns zu Mittag essen. (Zu Angelo.) Geht jetzt heim
Und holt die Kette, die wol fertig ist;
Bringt sie, ich bitt' Euch, mir ins Stachelschwein:
So heißt ihr Haus; die Kette schenk' ich dann,
Geschäh's auch nur um meine Frau zu ärgern,
An meine Wirthin. Eilt Euch, lieber Herr. —
Werd' ich im eignen Haus nicht aufgenommen,
So klopf' ich anderswo um Unterkommen.

Angelo.

In einer Stunde find' ich mich dort ein.

Antipholus von Ephesus.

Thut das. (Für sich.) Der Spaß wird etwas theuer sein.

(Alle ab.)

Zweite Scene.

Hof im Hause des Antipholus von Ephesus.

Luciana und *Antipholus von Syrakus* treten auf.

Luciana.

Und ist es möglich, o Antipholus,
Daß Ihr so ganz vergaßt des Gatten Pflicht?
Daß Liebe schon im Knospen welken muß,
Ihr Bau schon im Beginn zusammenbricht?
O! nahmt Ihr meine Schwester nur ums Geld,
Des Geldes halb behandelt sie mit Güte;
Und glüht Ihr sonstwo, zeigt's nicht vor der Welt;
Verbergt, wie falsch Ihr seid, tief im Gemüthe;
Laßt sie nicht lesen es in Euerm Blick,
Die Zunge nicht der Schande Herold sein;

Blickt sanft, sprecht freundlich, heuchelt mit Geschick,
Hüllt Laster in der Tugend Toga ein;
Wie falsch Eu'r Herz sei, zeigt ein rein Gewissen
Und lehrt, wie Sünde noch die Heil'ge spielt;
Seid heimlich falsch; was braucht sie's denn zu wissen?
Ein dummer Dieb, der großthut wenn er stiehlt!
Euch ihrem Bett entziehn — ist's nicht genug?
Muß sie bei Tisch erfahren den Verrath?
Die Schande wahrt den Schein noch, ist sie klug;
Und böses Wort verdoppelt böse That.
Wir armen Fraun, leichtgläubig von Natur,
Ach, macht uns glauben doch, daß ihr uns liebt;
Den Arm gebt andern, uns den Aermel nur,
Und führen könnt ihr uns wohin ihr wollt.
Drum, lieber Schwager, kehrt zurück zu ihr,
Küßt sie und sagt, Ihr wärt ihr treuer Mann.
Als frommer Trug erscheint das Heucheln mir
Wenn süßer Schmeichelhauch begüt'gen kann.

Antipholus von Syrakus.

Holdsel'ge Frau — nicht Euren Namen kenn' ich,
Noch ahn' ich wie Euch meiner ward bekannt —
Ein Wunder nur an Geist und Anmuth nenn' ich
Euch, mehr dem Himmel als der Erd' verwandt.
Sagt, Theure, wie ich denken, reden soll,
Und legt vor meinen irdisch groben Sinn,
So schwach, so seicht, so blind, so fehlervoll,
Die Deutung Eurer dunkeln Worte hin.
Was raubt Ihr mir den Frieden? Was entrafft
Ihr mich in eine unbekannte Welt?
Seid Ihr ein Gott etwa, der neu mich schafft?
Verwandelt mich denn wie es Euch gefällt.
Solang' ich aber Ich bin, weiß ich nur,
Nicht Eure weinende Schwester ist mein Weib,
Nicht ihr Bett ist es, dem ich Treue schwur;
Euch, Euch gehör' ich an mit Seel' und Leib.
O! nicht in deiner Schwester Thränenflut
Lock', Nixe, mich mit Klängen wunderbar;
Für dich, Sirene, sing! dir wallt mein Blut.
Breit' auf ein Silbermeer dein goldnes Haar:
Das wähl' ich mir zu meinem Lager dann
Und denk' in stolzer Hoffnung, die mir winkt,
Durch Tod gewinnt, wer also sterben kann:
Mag Liebe drin ertrinken, wenn sie sinkt!

Luciana.
Wie, Herr, seid Ihr verrückt, daß Ihr so sprecht?
Antipholus von Syrakus.
Verrückt, berückt, verzückt — ich weiß nicht recht.
Luciana.
An Euerm Auge liegt die Schuld allein.
Antipholus von Syrakus.
Weil's, holde Sonne, schaut in Euern Schein.
Luciana.
Schaut dahin wo Ihr sollt, dann bleibt es klar.
Antipholus von Syrakus.
Die Nacht anblicken, süßes Lieb, nicht wahr?
Luciana.
Ihr nennt mich Lieb? Nennt meine Schwester so.
Antipholus von Syrakus.
Der Schwester Schwester.
Luciana.
    Meine Schwester.
Antipholus von Syrakus.
        O!
Du selbst bist's, meines Selbstes beßrer Theil,
Mein Augenlicht, mein Herz und Seelenheil,
Mein Glück, mein Trost und meiner Hoffnung Hort,
Mein Erdenhimmel hier, mein Himmel dort!
Luciana.
All das ist meine Schwester, sollt' es sein.
Antipholus von Syrakus.
Nenn' du dich Schwester; dich lieb' ich allein,
Dich will ich lieben, dir gehör' ich an;
Ich habe noch kein Weib, du keinen Mann,
Reich' mir die Hand.
Luciana.
    O sacht, Herr, und fein still;
Die Schwester hol' ich erst, ob sie auch will.

(Luciana ab.)

Dritter Aufzug. Zweite Scene.

(Dromio von Syrakus stürzt herein.)

Antipholus von Syrakus.

He, he, Dromio! wohin rennst du so eilig?

Dromio von Syrakus.

Kennt Ihr mich Herr? bin ich Dromio? bin ich Euer Diener? bin ich ich?

Antipholus von Syrakus.

Du bist Dromio, du bist mein Diener, du bist du.

Dromio von Syrakus.

Ich bin ein Esel, ich bin eines Weibes Mann, ich bin nicht ich.

Antipholus von Syrakus.

Was für eines Weibes Mann? und wie so nicht du?

Dromio von Syrakus.

Meiner Seel', Herr, nicht ich; ich gehöre einem Weibe an, einer die Anspruch an mich macht, einer die mir nachläuft, einer die mich haben will.

Antipholus von Syrakus.

Was für einen Anspruch macht sie an dich?

Dromio von Syrakus.

Ei, Herr, solch einen Anspruch, wie Ihr ihn an Euer Pferd macht; und sie möchte mich haben wie ein Stück Vieh: nicht als ob ich ein Stück Vieh wäre und sie mich haben möchte; im Gegentheil, sie ist eine höchst bestialische Creatur und macht Anspruch an mich.

Antipholus von Syrakus.

Wer ist sie?

Dromio von Syrakus.

Eine sehr respectable Person, ja so eine, von der man nicht reden kann ohne hinzuzusetzen: „mit Respect zu sagen, Herr". Ich mache nur ein mageres Glück bei der Partie, und doch ist sie eine erstaunlich fette Heirath.

Antipholus von Syrakus.

Wie so eine fette Heirath?

Dromio von Syrakus.

Nun, Herr, sie ist das Küchenmensch und lauter Schmalz; und ich wüßte nicht, wozu sie zu brauchen wäre, als eine Lampe aus ihr zu machen und bei ihrem eigenen Licht ihr davonzulaufen. Ich wette, ihre Lumpen mit dem Talg drin brennen einen polnischen Winter lang; wenn sie bis zum Jüngsten Tag lebt, wird sie eine Woche länger brennen als die ganze Welt.

Antipholus von Syrakus.

Wie ist ihre Gesichtsfarbe?

Dromio von Syrakus.

Schwarz wie meine Schuhe; nur wird ihr Gesicht nicht so sauber gehalten, sintemalen sie schwitzt; man könnte bis über die Schuhe in seinem Schmuz waten.

Antipholus von Syrakus.

Diesem Fehler läßt sich mit Wasser abhelfen.

Dromio von Syrakus.

Nein, Herr, sie ist in der Wolle gefärbt; die Sündflut wär' es nicht im Stande.

Antipholus von Syrakus.

Wie heißt sie?

Dromio von Syrakus.

Nelle, Herr; aber ihr Name ohne Kopf und drei Viertel, d. h. eine Elle und drei Viertel, mißt sie nicht aus von Hüfte zu Hüfte.

Antipholus von Syrakus.

So ist sie also ziemlich breit?

Dromio von Syrakus.

Nicht länger von Kopf zu Fuß als von Hüfte zu Hüfte; sie ist kugelförmig wie ein Globus, ich könnte Länder auf ihr entdecken.

Antipholus von Syrakus.

Auf welchem Theil ihres Körpers liegt Irland?

Dromio von Syrakus.

Auf ihrem Hintertheil, Herr; die Moräste verriethen es mir.

Antipholus von Syrakus.

Wo Schottland?

Dromio von Syrakus.

Das erkannte ich an der Unfruchtbarkeit: mitten in ihrer flachen Hand.

Antipholus von Syrakus.
Wo Frankreich?

Dromio von Syrakus.
Auf ihrer Stirn, die sich im Abfall und Krieg gegen das Haupt befindet.

Antipholus von Syrakus.
Wo England?

Dromio von Syrakus.
Ich suchte nach den Kreidefelsen, aber ich konnte nichts Weißes entdecken; doch vermuth' ich, es lag auf ihrem Kinn, wegen der salzigen Flüssigkeit, die zwischen ihm und Frankreich lief.

Antipholus von Syrakus.
Wo Spanien?

Dromio von Syrakus.
Wahrhaftig, das sah ich nicht, aber ich roch es an ihrem heißen Athem.

Antipholus von Syrakus.
Wo Amerika und die beiden Indien?

Dromio von Syrakus.
O, Herr, auf ihrer Nase, die über und über mit Rubinen, Karfunkeln, Saphiren besetzt ist und ihren verlockenden Anblick dem heißen Athem Spaniens zuneigt, welches ganze Schiffsflotten absandte, um auf ihrer Nase Ladung einzunehmen.

Antipholus von Syrakus.
Wo lagen Belgien und die Niederlande?

Dromio von Syrakus.
Ach, Herr, so tief hab' ich nicht nachgesucht. Kurz, diese Trutschel oder Hexe machte Anspruch an mich; nannte mich Dromio; schwur, ich sei mit ihr verlobt; sagte mir, was für geheime Male ich an mir habe, als: den Fleck auf meiner Schulter, das Muttermal im Nacken, die große Warze an meinem linken Arm, daß ich so entsetzt vor ihr ausriß wie vor einer Hexe.
Und wär' meine Brust nicht glaubensfest, mein Herz nicht von Stahl, gewiß
Von ihr verwandelt zum Küchenhund müßt' ich jetzt drehen den Spieß.

Antipholus von Syrakus.
Begib dich augenblicks zum Hafen hin;
Weht irgendwie der Wind vom Lande her,

Bleib' ich in dieser Stadt nicht über Nacht.
Wenn noch ein Schiff ausläuft, komm auf den Markt;
Ich will dort auf- und abgehn bis du kommst.
Wenn jeder uns kennt, aber niemand wir,
Dann scheint mir's Zeit, wir packen auf von hier.

Dromio von Syrakus.

Wie einer, den erschreckt ein wilder Bär,
Lauf' ich vor ihr, die meine Frau gern wär'.

(Dromio ab.)

Antipholus von Syrakus.

Es wohnen offenbar nur Hexen hier,
Und drum ist's hohe Zeit davonzugehn.
Die mich Gemahl nennt, denk' ich mir mit Schaudern
Als meine Frau. Doch ihre schöne Schwester,
Unwiderstehlich in der Anmuth Reiz,
Bezaubernd durch ihr Wesen und Gespräch,
Hat fast mir selber untreu mich gemacht;
Drum, eh ich mich in cigner Schlinge fang',
Schließ' ich mein Ohr vor der Sirene Sang.

(Angelo tritt auf.)

Angelo.

Signor Antipholus —

Antipholus von Syrakus.

So heiß' ich, ja.

Angelo.

Nun freilich, Herr. Da ist die Kette, seht.
Ich hätt' sie Euch ins Stachelschwein gebracht,
Allein sie war nicht fertig noch bis jetzt.

Antipholus von Syrakus.

Was soll ich denn mit dieser Kette thun?

Angelo.

Herr, was Ihr wollt; ich machte sie für Euch.

Antipholus von Syrakus.

Für mich, mein Herr? Ich hab' sie nicht bestellt.

Angelo.

Nicht einmal, zweimal, sondern zwanzigmal.
Geht und erfreut jetzt Eure Frau damit;

Um Abendessenszeit besuch' ich Euch
Und hole für die Kette mir mein Geld.

Antipholus von Syrakus.

Ich bitt' Euch, Herr, nehmt lieber gleich das Geld,
Sonst, fürcht' ich, seht Ihr Kett' und Geld nicht mehr.

Angelo.

Ihr seid ein lust'ger Herr. Auf Wiedersehn!
(Ab.)

Antipholus von Syrakus.

Ich weiß zwar nicht, wie all das zu verstehn;
Ich weiß nur eins: so albern ist kein Mann
Und nimmt solch höfliches Geschenk nicht an.
Ich finde, man lebt hier sehr mühelos:
Gold fällt auf offner Straß' uns in den Schoß.
Jetzt nach dem Markt! Auf Dromio wart' ich dort;
Geht noch ein Schiff heut ab, dann eiligst fort.
(Ab.)

Vierter Aufzug.

Erste Scene.

Ein öffentlicher Platz.

Ein **Kaufmann**, **Angelo** und ein **Häscher** treten auf.

Kaufmann.

Auf Pfingsten war, Ihr wißt, das Zahlungsziel,
Doch drängt' ich Euch bisher nicht eben viel,
Und thät's auch jetzt nicht, doch ich rüste mich
Nach Persien und brauche Reisegeld;
Deshalb befriedigt mich hier auf der Stell',
Sonst laß' ich Euch verhaften durch den Häscher.

Angelo.

Genau so viel wie ich Euch schuldig bin,
Hab' ich zu fordern von Antipholus

Für eine Kette, die er eben jetzt,
Da ich Euch traf, von mir empfangen hat.
Um fünf versprach er mir das Geld dafür;
Wollt Ihr mich hinbegleiten in sein Haus
So zahl' ich Euch die Schuld nebst meinem Dank.
(Antipholus von Ephesus und Dromio von Ephesus treten auf.)

Häscher.

Spart Euch die Mühe; seht, da kommt er selbst.

Antipholus von Ephesus.

Ich geh' zum Goldschmied; kauf' du unterdeß
Mir einen Strick, den ich gebrauchen will
An meiner Frau und ihren Mitverschwornen,
Die mich bei Tag aus meinem Haus gesperrt.
Doch halt, ich seh' den Goldschmied. Mach' dich fort,
Kauf' mir den Strick und bring ihn mir nach Haus.

Dromio von Ephesus.

Der Strick ist mir 'ne Rente werth von tausend Pfund.
(Ab.)

Antipholus von Ephesus.

Wer sich auf Euch verläßt, ist gut bedient!
Ich hatt' auf Euch gehofft und auf die Kette;
Doch Kette nicht noch Goldschmied kam zu mir.
Gelt, unsre Freundschaft, dünkt' Euch, viel zu fest
Wär' sie gekettet, darum kamt Ihr nicht?

Angelo.

Ihr scherzt wol, lieber Herr; hier ist die Note,
Wie viel die Kette wiegt bis aufs Karat,
Feinheit des Golds, kostspieliges Modell,
In allem etwa drei Dukaten mehr,
Als ich hier diesem Kaufmann schuldig bin.
Ich bitt' Euch sehr, befriedigt ihn sogleich;
Er muß zur See und wartet nur hierauf.

Antipholus von Ephesus.

Ich bin jetzt nicht mit so viel Geld versehn,
Auch hab' ich in der Stadt noch ein Geschäft.
Führt, lieber Herr, den Fremden in mein Haus
Und nehmt die Kette mit, und laßt dafür
Von meiner Frau Euch zahlen den Betrag;
Vielleicht treff' ich gleichzeitig mit Euch ein.

Angelo.
Dann überreicht Ihr wol die Kette selbst?
Antipholus von Ephesus.
Nein, bringt sie ihr; ich könnte mich verspäten.
Angelo.
Sehr wohl. Habt Ihr die Kette bei Euch, Herr?
Antipholus von Ephesus.
Was? ich? Ich hoffe, Herr, daß Ihr sie habt;
Sonst könnt Ihr ohne Geld nach Hause gehn.
Angelo.
Nein, gebt die Kette, Herr, in allem Ernst;
Es warten Wind und Flut auf diesen Herrn,
Und leider hielt ich ihn zu lang' schon auf.
Antipholus von Ephesus.
Mein Gott! bemänteln soll wol Euer Spaß,
Daß Ihr mich sitzen ließt im Stachelschwein?
Ich sollt' Euch schelten, daß Ihr sie nicht brachtet,
Doch wie ein böses Weib schmählt Ihr zuerst.
Kaufmann.
Die Zeit verstreicht; Herr, haltet mich nicht hin.
Angelo.
Ihr hört wie er mich drängt; die Kette, Herr!
Antipholus von Ephesus.
Bringt sie nur meiner Frau, und holt das Geld.
Angelo.
Ach geht, ich gab sie Euch ja eben; schickt
Die Kette oder sonst ein Pfand durch mich.
Antipholus von Ephesus.
Schämt Euch, Ihr hetzt ja diesen Spaß zu Tod.
Wo ist die Kette? bitte, laßt sie sehn.
Kaufmann.
Herr, mein Geschäft verträgt nicht länger Spaß:
Sagt, wollt Ihr mich bezahlen oder nicht?
Wo nicht, so liefr' ich ihn dem Häscher aus.

Antipholus von Ephesus.
Euch zahlen? was hab' ich zu zahlen Euch?
Angelo.
Was Ihr mir für die Kette schuldig seid.
Antipholus von Ephesus.
Bis ich empfing die Kette, schuld' ich nichts.
Angelo.
Ich gab sie Euch vor einer halben Stunde.
Antipholus von Ephesus.
Ihr gabt mir nichts; Ihr kränkt mich, wenn Ihr's sagt.
Angelo.
Ihr mich noch mehr, wenn Ihr es leugnet, Herr.
Bedenkt doch, mein Credit steht auf dem Spiel.
Kaufmann.
Verhaft' ihn, Häscher, denn auf meine Klage.
Häscher.
Ich thu's hiermit. —
Herr, in des Herzogs Namen, folget mir.
Angelo.
Das greift mich stark an meiner Ehre an.
Entweder zahlt Ihr diese Summe, oder
Ich nehm' Euch durch den Häscher hier in Haft.
Antipholus von Ephesus.
Ich soll dir zahlen was ich nie empfing?
Verhafte mich, du Gimpel, wenn du's wagst.
Angelo.
Hier die Gebühren, Häscher; nimm ihn fest.
Ich schonte meinen eignen Bruder nicht
Wenn er so augenscheinlich mich verhöhnte.
Häscher.
Ihr hört die Klage. Ich verhaft' Euch, Herr.
Antipholus von Ephesus.
Ich folge, bis ich Bürgschaft stellen kann. —

Ihr aber sollt mir büßen für den Spaß,
Daß alles Gold nicht reicht in Eurem Laden.

Angelo.

O, Herr, noch find' ich Recht in Ephesus,
Zu Schimpf und Schand' für Euch, dran zweifl' ich nicht.
(Dromio von Syrakus tritt auf.)
Dromio von Syrakus.

Ein Schiff von Epidamnum, Herr, ist da,
Das nur auf seinen Eigenthümer harrt
Um auszulaufen. Unsre Sachen, Herr,
Hab' ich an Bord gebracht, auch eingekauft
Das Oel, den Balsam und den Aquavit.
Das Schiff ist segelfertig; lustig weht
Ein frischer Wind vom Land: man wartet nur
Noch auf den Schiffspatron, Herr, und auf Euch.

Antipholus von Ephesus.

Noch ein Verrückter? Wie, welch Schiff, du Schaf,
Aus Epidamnum wartet nur auf mich?

Dromio von Syrakus.

Ein Schiff, wonach Ihr mich zu suchen schicktet.

Antipholus von Ephesus.

Nach einem Strick schickt' ich dich, Trunkenbold,
Und sagte dir zu welchem Zweck und Ende.

Dromio von Syrakus.

Ihr schicktet mich nach einem Ende Strick?
Nein, Herr, Ihr schicktet mich nach einem Schiff.

Antipholus von Ephesus.

Ich mach' das mit dir aus bei beßrer Muße
Und lehre deine Ohren achtsam sein.
Zu Adriana, Schlingel, eile jetzt;
Gib diesen Schlüssel ihr und sag', im Pult,
Worauf der türk'sche Teppich liege, sei
Ein Beutel mit Dukaten. Bring ihn her.
Sag', man hab' auf der Straße mich verhaftet,
Drum braucht' ich Bürgschaft. Hurtig, Bursche, fort! —
Jetzt, Häscher, ins Gefängniß, bis er kommt.
(Der Kaufmann, Angelo, Häscher und Antipholus von Ephesus ab.)

Dromio von Syrakus.

Zu Adriana? wo wir heut gespeist,
Wo mich zum Mann wollt' haben Dowsabel?
Sie ist zu dick, hoff' ich, für mein Umarmen.
Doch muß ich hin, so ungern ich es thu';
Den Dienern kommt kein eigner Wille zu.

(Ab.)

Zweite Scene.

Hof im Hause des Antipholus von Ephesus.

Adriana und Luciana treten auf.

Adriana.

Ach, Schwester, so versuchen wollt' er dich?
Last du in seinen Augen wirklich, daß
Im Ernst er warb? ja oder nein? o sprich!
Wie war er? heiter? trüb? roth? oder blaß?
Entging dir auch in seinem Angesicht
Der Kampf der Herzensmeteore nicht?

Luciana.

Erst sprach er jedes Recht an ihn dir ab.

Adriana.

O, doppelt schlecht! ja, weil er mir keins gab.

Luciana.

Dann schwur er, er sei fremd hier ganz und gar.

Adriana.

Und schwur nicht falsch, obgleich es Eidbruch war.

Luciana.

Sodann sprach ich für dich.

Adriana.

Was sagt' er dir?

Luciana.

Was ich für dich erbat, bat er von mir.

Vierter Aufzug. Zweite Scene.

Adriana.
Wie bracht' er seine Werbung bei dir an?
Luciana.
So wie, wer ehrbar wirbt, wol rühren kann:
Erst, ich sei schön; sodann, ich spräche gut.
Adriana.
Du sprachst sehr freundlich?
Luciana.
Ruhig, keine Wuth!
Adriana.
Ich kann nicht, will nicht; nichts hält mich mehr auf:
Herz, laß der Zunge wenigstens den Lauf!
Er ist unförmlich, schief, dürr, häßlich, alt,
Von Kopf bis zu den Füßen ungestalt,
Unfreundlich, lieblos, schlecht, ein Narr, ein Bär,
Am Leib gezeichnet und am Geist noch mehr.
Luciana.
Wen plagt noch Eifersucht auf solchen Mann?
Kein Uebel wird beweint, dem man entrann.
Adriana.
Glaubst du, ich halt' ihn für so schlimm? Ach nein;
O möchten andrer Augen schlechter sehn!
So hört man weit vom Nest den Kibitz schrein:
Mein Mund flucht ihm, mein Herz muß für ihn flehn.

(Dromio von Syrakus kommt gelaufen.)
Dromio von Syrakus.
Das Pult! den Beutel! da — geschwind, geschwind!
Luciana.
Ganz außer Athem?
Dromio von Syrakus.
Lief ja wie der Wind.
Adriana.
Dromio, wo ist dein Herr? ist er gesund?
Dromio von Syrakus.
Im Tartarpfuhl, noch unterm Höllenschlund,
Hält ihn ein Satan fest, in ew'gem Wams,

Ein Hartherz, zugeknöpft mit Stahl, ein Teufel,
Ein Gnom, rauh, fühllos, daß es einem graut,
Ein Wolf, nein mehr, ein Kerl in Büffelhaut;
Ein falscher Freund, ein Schulterklopfer, der dich von hinten faßt,
An Buchten, Uferstiegen, Durchgängen auf dich paßt;
Ein Hund auf falscher Fährte, der doch das Wild erspürt;
So einer, der noch vor dem Gericht die Seelen zur Hölle führt.

Adriana.

Sprich, ich begreif' dich nicht.

Dromio von Syrakus.

Ich aber hab's begriffen, als ihn der Häscher griff.

Adriana.

Ist er in Haft? warum? o Niedertracht!

Dromio von Syrakus.

Ja, eine niedre Tracht war es, die ihn zur Haft gebracht;
Es war ein niederträcht'ger Kerl in niedrer Büffeltracht.
Wollt Ihr zum Loskauf ihm schicken das Geld aus seinem Pult?

Adriana.

Geh, hol' es, Schwester. (Luciana ab.) Wundern muß ich mich,
Daß er, mir unbekannt, in Schulden ist. —
Ward er auf einen Schuldschein hin verhaftet?

Dromio von Syrakus.

Es war kein Schein, es war ein wirklich Ding,
War eine Kette. Hört Ihr, kling ling ling?

Adriana.

Die Kette, wie?

Dromio von Syrakus.

Nein, nein, die Glocke. Zeit ist's, ich muß fort;
Zwei war es als ich ihn verließ, eins schlägt es jetzo dort.

Adriana.

Die Stunden gehn zurück? sei nicht so dumm!

Dromio von Syrakus.

Ja, wenn so eine den Häscher trifft, kehrt sie vor Schrecken um.

Adriana.

Als ob die Zeit in Schulden wär'! der Unsinn ist zu dick.

Vierter Aufzug. Dritte Scene.

Dromio von Syrakus.

Zeit ist bankrott und schuldet mehr, als sie besitzt, dem Augenblick.
Ja sie ist Diebin auch; denn gebt nur Acht:
Stiehlt nicht die Zeit sich weg bei Tag und Nacht?
Wenn Zeit in Schulden und Diebin ist, und ein Häscher läßt sich sehn,
Hat sie nicht Grund, eine Stunde den Tag zurückzugehn?
(Luciana kommt zurück.)

Adriana.

Dromio, hier ist das Geld; trag's eilig hin,
Und bring den Herrn sogleich nach Hause. Geh! —
Komm, Schwester; voll Gedanken ist mein Sinn,
Gedanken, die mein Trost sind und mein Weh.
(Alle ab.)

Dritte Scene.

Ein öffentlicher Platz.

Antipholus von Syrakus tritt auf.

Antipholus von Syrakus.

Kein Mensch begegnet mir, der mich nicht grüßt
Als wär' ich schon ein alter Freund von ihm;
Und jeder nennt bei meinem Namen mich.
Der bietet Geld mir an; der ladt mich ein;
Der dankt mir für erwiesne Artigkeit;
Der schlägt mir hübsche Waaren vor zum Kauf;
Just rief ein Schneider mich in sein Geschäft
Und wies mir Seidenstoff, den er für mich
Gekauft, und nahm mir auch sogleich das Maß:
Gewiß, das kann nur eitel Blendwerk sein
Und Lapplands Hexenmeister wohnen hier:
(Dromio von Syrakus tritt auf.)

Dromio von Syrakus.

Herr, hier ist das Geld, wonach Ihr mich geschickt habt. Aber wo habt Ihr das Ebenbild des alten Adam in seiner neuen Bekleidung gelassen?

Antipholus von Syrakus.

Wie? was für Geld? und welchen Adam meinst du?

Dromio von Syrakus.

Nicht den Adam der das Paradies hütete, sondern den Adam der das Gefängniß hütet; den, der da wandelt im Felle des Kalbes, das für den verlornen Sohn geschlachtet ward; den, der hinter Euch her schlich, Herr, wie ein böser Engel und Euch Eurer Freiheit entsagen hieß.

Antipholus von Syrakus.

Mensch, ich verstehe dich nicht.

Dromio von Syrakus.

Nicht? Nun die Sache ist doch sehr einfach. Ich meine den Mann, der einherging wie 'ne Baßgeige in einem ledernen Futteral; den Mann, Herr, der immer bei der Hand ist und die Leute setzt, wenn sie nicht mehr fortkommen können; den Mann, Herr, der sich aller Lumpen erbarmt und ihnen zu dauerhaften Stoffen verhilft; den Mann, der nicht ruht, bis er mit seinem Amtsstab mehr Heldenthaten verrichtet hat als ein Mohr mit seiner Pike.

Antipholus von Syrakus.

Ach so, du meinst einen Häscher?

Dromio von Syrakus.

Ja, Herr, den Hauptmann der Bande, der seine Bande immer bereit hält um diejenigen zu fesseln, die sich aus den Banden einer Verbindlichkeit befreien möchten; der immer glaubt, die Leute wollen zu Bett gehen, und zu jedem sagt: „Gott schenk' Euch eine gute Ruh!"

Antipholus von Syrakus.

Genug, Freund, genug; gönne nun deinen Possen auch Ruh. Geht heute Abend noch ein Schiff ab? können wir fort?

Dromio von Syrakus.

Ei, Herr, ich hab' Euch ja schon vor einer Stunde gemeldet, daß die Barke Hurtig heut Abend absegelt; und da wurdet Ihr von dem Häscher genöthigt auf die Schaluppe Halt zu warten. Hier sind die Engel, die ich holen mußte, Euch zu erlösen.

Antipholus von Syrakus.

Der Bursch ist sinnverwirrt, und ich bin's auch;
Wir wandeln unter lauter Blendwerk hier.
O führt' uns bald ein guter Geist hinweg!

(Die Courtisane tritt auf.)

Courtisane.

Sieh da, sieh da, der Herr Antipholus.
Ihr traft den Goldschmied endlich, wie ich seh';
Ist dies die Kette, die Ihr mir versprächt?

Antipholus von Syrakus.

Satan, heb dich hinweg! versuch' mich nicht!

Dromio von Syrakus.

Herr, ist dies Fräulein Satan?

Antipholus von Syrakus.

Der Teufel ist's.

Dromio von Syrakus.

Nein, etwas Schlimmeres noch, des Teufels Großmutter; und da wandelt sie angethan wie eine Leuchte unter den Dirnen; und daher kommt's, daß die Dirnen sagen: „Gott verdamm' mich"; das will so viel heißen als: „Gott mach' eine Leichte aus mir". Es steht geschrieben, sie erscheinen den Menschen wie Engel des Lichts, die Leichten; leuchten ist eine Wirkung des Feuers, und am Feuer brennt man sich; ergo verbrennt man sich an diesen Leichten. Kommt ihr nicht zu nahe.

Courtisane.

Ihr beide seid erstaunlich aufgeräumt.
Kommt, laßt uns noch ein kleines Nachmahl halten.

Dromio von Syrakus.

Herr, wenn Ihr das thut und eine Löffelspeise erwartet, so bestellt Euch nur einen langen Löffel.

Antipholus von Syrakus.

Warum, Dromio?

Dromio von Syrakus.

Ei, der muß einen langen Löffel haben, der mit dem Teufel essen will.

Antipholus von Syrakus.

Fort, böser Feind! sprichst du von Abendessen?
Du Hexe! Hexen seid ihr alle doch;
Geh, ich beschwöre dich, heb dich hinweg!

Courtisane.

Gebt mir den Ring, den Ihr bei Tisch mir nahmt,

Für meinen Demant sonst die goldne Kette;
Dann geh' ich, Herr, und stör' Euch weiter nicht.

Dromio von Syrakus.

Sonst fordern Teufel nur ein Tröpfchen Blut,
Den Abfall eines Nagels, einen Halm,
Ein Härchen, einen Kirschkern, eine Nuß;
Doch die thut's unter einer Kette nicht.
Vorsichtig, Herr; wenn Ihr sie gebt, so klirrt
Vielleicht der Teufel uns damit ins Ohr.

Courtisane.

Gebt mir die Kette, oder meinen Ring;
Was, Ihr betrügt mich, hoff' ich, doch nicht so?

Antipholus von Syrakus.

Fort, Hexe! — Laß uns gehen, Dromio.

Dromio von Syrakus.

Der Pfau sagt: „Sei nicht stolz"; das steht ich weiß nicht wo.
(Antipholus und Dromio von Syrakus ab.)

Courtisane.

Kein Zweifel mehr, Antipholus ist toll,
Denn sonst betrüg' er sich nicht so zu mir.
Für meinen Ring, vierzig Dukaten werth,
Versprach er eine goldne Kette mir;
Jetzt leugnet er mir Ring und Kette ab.
Der Grund, warum ich glaube, daß er toll,
Ist außer dieser Probe seiner Narrheit
Das tolle Zeug, das er bei Tisch erzählt:
Es habe seine Frau ihn ausgesperrt.
Vielleicht ist ihr sein Zustand wohlbekannt
Und sie verschloß mit Absicht ihm die Thür.
Am besten ist's, ich eil' nach seinem Haus
Und sag' ihr, daß ihr Gatte wie verrückt
Heut bei mir eindrang und mir mit Gewalt
Den Ring entriß. Dies wird das Klügste sein;
Vierzig Dukaten büßt man nicht gern ein.

(Ab.)

Vierte Scene.

Ebendaselbst.

Antipholus von Ephesus und der Häscher.

Antipholus von Ephesus.

Sei unbesorgt, ich gehe dir nicht durch;
Bevor ich fortgeh', geb' ich dir die Summe,
Um derentwillen ich verhaftet ward.
Mein Weib ist heute wunderlich gelaunt
Und wird so leicht nicht meinem Boten traun;
Daß ich gefangen sei in Ephesus,
Glaub' mir, wird hart ihr in die Ohren klingen.
        (Dromio von Ephesus kommt mit einem Strick.)
Da kommt mein Bursch, er bringt gewiß das Geld. —
Nun, hast du, Freund, wonach ich dich gesandt?

Dromio von Ephesus.

Mit dem könnt Ihr sie alle nun bezahlen.

Antipholus von Ephesus.

Allein wo ist das Geld?

Dromio von Ephesus.

Das Geld, Herr? Nun, das gab ich für den Strick.

Antipholus von Ephesus.

Für einen Strick fünfhundert Stück Dukaten?

Dromio von Ephesus.

Nein, Herr, dafür schaff' ich fünfhundert Euch.

Antipholus von Ephesus.

Zu welchem Ende schick' ich dich nach Haus?

Dromio von Ephesus.

Zu welchem Ende, Herr? Nach einem Ende Strick, und zu dem Ende bin ich wieder da.

Antipholus von Ephesus.

Und zu dem Ende nimm den Willkommgruß. (Schlägt ihn.)

Häscher.

Habt Geduld, mein lieber Herr.

Dromio von Ephesus.
Nein, an mir ist's, Geduld zu haben; ich bin in Nöthen.
Häscher.
Du da, halt dein Maul.
Dromio von Ephesus.
Ach, sprecht lieber ihm zu, seine Hände stillzuhalten.
Antipholus von Ephesus.
Du verfluchter, sinnloser Schuft!
Dromio von Ephesus.
Ich wollt', ich wäre von Sinnen, Herr, so würd' ich Eure Prügel nicht fühlen.
Antipholus von Ephesus.
Du hast für nichts Sinn und Gefühl als für Schläge, gerade wie ein Esel.
Dromio von Ephesus.
Ich bin in der That ein Esel; Ihr habt mir ja die Ohren lang gezogen. — Ich hab' ihm von meiner Geburtsstunde an gedient bis zu diesem Augenblick, und für meine Dienste nichts von seiner Hand erhalten als Prügel. Wenn mich friert, so heizt er mir mit Prügeln ein; wenn mir warm ist, kühlt er mich mit Prügeln ab; er weckt mich damit, wenn ich schlafe; er bringt mich damit auf die Beine, wenn ich sitze; er jagt mich damit aus dem Haus, wenn ich ausgehe; er bewillkommt mich damit, wenn ich zurückkomme; ja ich trage sie auf meinem Rücken wie ein Bettelweib seinen Balg, und sicher, wenn er mich lahm geprügelt hat, werd' ich damit betteln gehn müssen von Thür zu Thür.
Antipholus von Ephesus.
Komm, folge mir; dort seh' ich meine Frau.
(Abriana, Luciana, die Courtisane und Zwick treten auf.)
Dromio von Ephesus.
Gnädige Frau, respice finem, denkt an Euer Ende — oder vielmehr an des Papagaien Prophezeiung: „Nehmt Euch vor dem Strick-Ende in Acht."
Antipholus von Ephesus.
Willst du endlich das Maul halten? (Schlägt ihn.)

Courtisane.
Was sagt Ihr nun? ist Euer Mann nicht toll?
Adriana.
Ja, seine Wildheit macht es zweifellos. —
Ihr seid ja ein Beschwörer, Doctor Zwick;
Gebt den Verstand ihm wieder, lieber Herr,
Und was Ihr fordert, zahl' ich Euch dafür.
Luciana.
Ach, wie er wild und grimmig um sich schaut!
Courtisane.
Seht, wie er bebt in seiner Raserei!
Zwick.
Gebt mir die Hand, daß ich den Puls Euch fühle.
Antipholus von Ephesus.
Hier meine Hand, daß Euer Ohr sie fühle.
Zwick.
Du Satan, der in diesem Manne haust,
Entweich vor meinem heiligen Gebet;
Heb dich hinweg ins Reich der Finsterniß,
Bei allen Heiligen beschwör' ich dich!
Antipholus von Ephesus.
Schweig, dummer Zaubrer, schweig! ich bin nicht toll.
Adriana.
O arme kranke Seele, wärst du's nicht!
Antipholus von Ephesus.
So, Schätzchen? das sind deine Gäste? schau!
Hat diese safrangelbe Fratze da
In meinem Haus geschmaust heut und geschwelgt,
Indessen mir das schuldbewußte Thor
Den Eintritt in mein eignes Haus verwehrt?
Adriana.
O Mann, Gott weiß, du hast daheim gespeist;
Wenn du bei mir geblieben wärst bis jetzt,
Du hättst dir diese Schand' und Schmach erspart.

Antipholus von Ephesus.
Daheim gespeist! Du, Schlingel, was sagst du?
Dromio von Ephesus.
Herr, wahrlich, nein, Ihr speistet nicht daheim.
Antipholus von Ephesus.
War nicht das Thor zu und ich ausgesperrt?
Dromio von Ephesus.
Ja wohl, das Thor war zu, Ihr ausgesperrt.
Antipholus von Ephesus.
Und hat sie selber da mich nicht geschmäht?
Dromio von Ephesus.
Kein Lug ist's, sie hat selbst Euch da geschmäht.
Antipholus von Ephesus.
Hat ihre Küchenmagd mich nicht verhöhnt?
Dromio von Ephesus.
Die Herdvestalin, ja, hat Euch verhöhnt.
Antipholus von Ephesus.
Und ging ich nicht in voller Wuth hinweg?
Dromio von Ephesus.
Die Wahrheit ist, mein Buckel weiß davon;
Er hat den Ausbruch Eurer Wuth gefühlt.
Adriana.
Ist's gut, ihn zu bestärken in dem Wahn?
Zwick.
Es schadet nichts; der Bursch kennt seine Art
Und geht geschickt auf seine Tollheit ein.
Antipholus von Ephesus.
Du triebst den Goldschmied an, mich zu verhaften.
Adriana.
O Gott! dich auszulösen sandt' ich Geld
Durch Dromio, der drum gelaufen kam.

Dromio von Ephesus.
Wie? Geld durch mich? Ja guten Willen wohl,
Doch, glaubt mir, Herr, nicht einen Heller Geld.

Antipholus von Ephesus.
Du holtest keinen Beutel mit Dukaten?

Adriana.
Er war bei mir, den Beutel gab ich ihm.

Luciana.
Und ich kann es bezeugen, daß sie's that.

Dromio von Ephesus.
Gott und der Seiler mögen mir's bezeugen,
Ich ward nach nichts geschickt als einem Strick!

Zwick.
Verrückt sind beide, Diener sowie Herr;
Seht ihre Blässe, ihren starren Blick.
Man binde sie, und fort ins Loch mit ihnen!

Antipholus von Ephesus.
(Zu Adriana.) Sprich, weshalb schlossest du mich heute aus?
(Zu Dromio.) Und warum leugnest du den Beutel Gold?

Adriana.
O lieber Mann, ich sperrte dich nicht aus.

Dromio von Ephesus.
Und ich, o lieber Herr, empfing kein Gold;
Doch das ist wahr: wir wurden ausgesperrt.

Adriana.
In beidem lügst du, heuchlerischer Schuft.

Antipholus von Ephesus.
In allem, heuchlerische Metze, du,
Und stehst im Bund mit dem verfluchten Pack,
Mich zum Gespött zu machen vor der Welt;
Doch kratz' ich dir die falschen Augen aus,
Die an dem schnöden Spiel mit mir sich weiden.

Adriana.
O bindet ihn, laßt ihn sich mir nicht nahn!

Zwick.

Mehr Leute noch! der Feind ist stark in ihm!

Luciana.

Ach armer Mann! wie bleich und krank er ist!
(Drei oder vier Diener kommen herein und wollen ihn binden.)

Antipholus von Ephesus.

Was? wollt ihr mich ermorden? — Häscher, ich
Bin dein Gefangner; leidest du, daß man
Mich dir entreißt?

Häscher.

Ihr Leute, laßt ihn gehn;
's ist mein Gefangner, Euch gehört er nicht.

Zwick.

Kommt, bindet diesen Mann, auch er ist toll.

Adriana.

Was hast du vor, einfält'ger Häscher du?
Freut's dich, zu sehn wie ein Wahnsinniger
Sich selbst Gewalt anthut und tödlich Leid?

Häscher.

's ist mein Gefangener; lass' ich ihn los,
Verlangt man was er schuldig ist von mir.

Adriana.

Von dieser Sorge will ich dich befrein.
Führ' mich sofort zu seinem Gläubiger;
Kenn' ich die Höh' der Schuld, so zahl' ich sie. —
Mein lieber Doctor, schafft ihn unversehrt
Zu mir nach Haus. — O höchst unsel'ger Tag!

Antipholus von Ephesus.

O höchst unsel'ge Metze!

Dromio von Ephesus.

Man macht mich hier für Euch verbindlich, Herr.

Antipholus von Ephesus.

Zum Henker, Kerl! fort, mache mich nicht rasend!

Vierter Aufzug. Vierte Scene.

Dromio von Ephesus.

Wollt Ihr wegen nichts gebunden sein? Rast nur, lieber Herr; schreit: Höll' und Teufel!

Luciana.

Gott helf euch Aermsten! was für toll Geschwätz!

Adriana.

Führt ihn hinweg. — Du, Schwester, komm mit mir. —
(Zwick und seine Gesellen gehen ab mit Antipholus von Ephesus und Dromio von Ephesus.)
Nun, Häscher, sag', wer ihn verhaften ließ.

Häscher.

Herr Angelo, ein Goldschmied; kennt Ihr ihn?

Adriana.

Ich kenn' ihn. Und wieviel beträgt die Schuld?

Häscher.

Zweihundert Stück Dukaten.

Adriana.

Und wofür?

Häscher.

Für eine Kette, die Eu'r Mann bekam.

Adriana.

Die er für mich bestellt, doch nicht bekam.

Courtisane.

Als Euer Mann in voller Wuth bei mir
Heut eindrang und mir meinen Ring entriß,
Denselben den ich eben an ihm sah,
Traf ich ihn kurz nachher mit einer Kette.

Adriana.

Mag sein; ich aber sah die Kette nie. —
Komm, Häscher, führ' mich zu dem Goldschmied hin,
Daß ich erfahre was hier Wahrheit ist.
(Antipholus von Syrakus und Dromio von Syrakus kommen mit gezogenen Degen.)

Luciana.

Gott steh uns bei! da sind sie wieder los.

Adriana.

Und mit gezückten Degen! Holen wir
Mehr Hülfe her, daß man sie wieder bindet.

Häscher.

Fort! fort! sie morden uns.
(Adriana, Luciana und Häscher laufen davon.)

Antipholus von Syrakus.

Vor Degen haben diese Hexen Furcht.

Dromio von Syrakus.

Die Eure Frau sein will, reißt aus vor Euch.

Antipholus von Syrakus.

Geh, hol' jetzt im Centauren das Gepäck.
O wären wir erst heiler Haut an Bord!

Dromio von Syrakus.

Eigentlich solltet Ihr diese Nacht noch hier bleiben; man wird
uns gewiß nichts thun, Ihr seht ja wie man freundlich mit uns
redet und uns Geld einhändigt. Ein recht artiges Volk hier, das
muß man sagen; und wenn das verrückte Fleischgebirge nicht wäre,
das Heirathsansprüche an mich macht, so hätt' ich schon Lust hier
zu bleiben und Hexerich zu werden.

Antipholus von Syrakus.

Nicht um die ganze Stadt blieb' ich heut hier;
Drum fort und schaffe das Gepäck an Bord.
(Beide ab.)

Fünfter Aufzug.

Erste Scene.

Ebendaselbst. Vor einem Frauenkloster.

Der Kaufmann und Angelo treten auf.

Angelo.

Daß ich Euch aufhielt, Herr, bedaur' ich sehr;
Doch schwör' ich, daß ich ihm die Kette gab,
Wie frech er mir's auch abgeleugnet hat.

Kaufmann.

In welchem Rufe steht der Mann am Platz?

Angelo.

O, er genießt des höchsten Ansehns, Herr,
Hat unbeschränkt Credit, ist sehr beliebt
Und von den Ersten einer in der Stadt;
So viel wie mein Vermögen gilt sein Wort.

Kaufmann.

Sprecht leise, denn mich dünkt, dort seh' ich ihn.
(Antipholus von Syrakus und Dromio von Syrakus treten auf.)

Angelo.

Er ist's und hat dieselbe Kette um,
Die nicht zu haben er sich hoch verschwor.
Bleibt, lieber Herr, mir nah; ich red' ihn an. —
Signor Antipholus, ich wundre mich,
Daß Ihr in die Verlegenheit mich setzt
Und, wahrlich nicht zum Vortheil für Euch selbst,
Durch Wort und Eid mir abzuleugnen wagt
Die Kette, die Ihr jetzt so offen tragt.
Beiseit' auch Klage, Schimpf und Haft gesetzt,
Habt Ihr hier meinen wackern Freund verletzt,
Der, aufgehalten nur durch unsern Streit,
Versäumte seine Schiffsgelegenheit.
Von mir habt Ihr die Kette, könnt Ihr's leugnen?

Antipholus von Syrakus.
Von Euch, ich weiß es, hab's auch nie geleugnet.
Kaufmann.
Ja, Herr, Ihr thatet es, Ihr schwurt mir's ab.
Antipholus von Syrakus.
Wer hörte, daß ich leugnete und schwur?
Kaufmann.
Mit diesen meinen Ohren hört' ich es.
Elender, pfui! ein Jammer, daß du dich
In ehrlicher Gesellschaft zeigen darfst.
Antipholus von Syrakus.
Du bist ein Schuft, daß du mich so beschimpfst.
Ich will dir meine Ehr' und Ehrlichkeit
Gleich darthun, wenn du mir zu stehen wagst.
Kaufmann.
Ich wag's, und fordre dich als einen Schurken.
(Sie ziehen.)
(Adriana, Luciana, die Courtisane und andere treten auf.)
Adriana.
Um Gotteswillen, halt! er ist verrückt.
Packt, Leute, ihn, nehmt ihm den Degen weg!
Auch Dromio bindet; bringt sie mir nach Haus,
Dromio von Syrakus.
O lauft, Herr, lauft und flüchtet in ein Haus!
Dort in das Kloster; sonst sind wir verloren.
(Antipholus von Syrakus und Dromio von Syrakus flüchten in das Kloster.)
(Die Aebtissin tritt auf.)
Aebtissin.
Halt, Leute! Wozu drängt ihr euch hieher?
Adriana.
Herauszuholen meinen irren Mann.
Laßt uns hinein, daß wir ihn binden können
Und ihn zur Pflege bringen in sein Haus.
Angelo.
Er kam mir gleich im Kopf nicht richtig vor.

Fünfter Aufzug. Erste Scene.

Kaufmann.
Nun thut mir's leid, daß ich den Degen zog.
Aebtissin.
Wie lang' ist's her, daß er besessen ist?
Adriana.
Seit einer Woche traurig, still, verstimmt,
War er schon nicht derselbe mehr wie sonst;
Allein bis heute Nachmittag kam's noch
Zu keinem Ausbruch seiner Wuth bei ihm.
Aebtissin.
Verlor er große Güter auf der See?
Verstarb ein Freund ihm? Oder hat sein Auge
Sein Herz verführt zu unerlaubter Liebe —
Der Sünden häufigste bei jungen Männern,
Die zügellos die Augen schweifen lassen!
Sagt, welchem Leid von diesen er erlag.
Adriana.
Von diesen keinem, wenn dem letzten nicht:
Ein Liebchen, das ihn seinem Haus entfremdet.
Aebtissin.
Ihr hättet ihn nur deßhalb tadeln sollen.
Adriana.
Das that ich ja.
Aebtissin.
Vielleicht nicht streng genug?
Adriana.
So streng als meine Sittsamkeit erlaubt.
Aebtissin.
Wenn ihr allein wart?
Adriana.
Und vor andern auch.
Aebtissin.
Wohl, aber nicht genug.
Adriana.
Es war der Inhalt unseres Gesprächs:
Im Bette schlief er nicht, weil ich ihn schalt;

Bei Tische aß er nicht, weil ich ihn schalt;
Allein, war's meiner Unterhaltung Stoff;
Und in Gesellschaft spielt' ich darauf an.
Stets sagt' ich ihm, es sei gemein und schlecht.

Aebtissin.

Und davon wurde dieser Mann verrückt.
Das gift'ge Schelten eifersücht'ger Fraun
Wirkt tödlicher als toller Hunde Biß.
Du raubtest ihm den Schlaf durch dein Gezänk:
Und darum wurd' er endlich schwach im Kopf;
Du sagst, mit Schmählen ward sein Mahl gewürzt:
Unruhig Essen wird sehr schlecht verdaut,
Daher des Fiebers tobend Feu'r entstand;
Und was ist Fieber als ein Wahnsinnsanfall?
Du sagst, dein Keifen störte seine Kurzweil:
Nimm jegliche Zerstreuung weg, was folgt
Als dumpfe düstere Melancholie,
Die Schwester trostlos grimmiger Verzweiflung,
Und ihnen auf dem Fuß ein Seuchenheer
Von blassen Uebeln, lauter Lebensfeinden?
Stört man beim Mahl, beim Spiel, beim Schlafen sie,
So macht man endlich Menschen toll und Vieh.
Und hieraus folgt: vor deiner Eifersucht
Nahm deines Manns Verstand zuletzt die Flucht.

Luciana.

Sie tadelte nie anders ihn als mild;
Doch er betrug sich grob und roh und wild. —
Was nimmst du alles hin und redest nicht?

Adriana.

Sie hat mir mein Gewissen doch gerührt. —
Hinein nun, lieben Leute, holt ihn mir.

Aebtissin

Nein, keine Seele laß' ich in mein Haus!

Adriana.

So schickt durch Eure Diener ihn uns her.

Aebtissin.

Auch nicht; er wählt' als Freistatt diesen Ort,
Und schützen soll er ihn vor Eurer Hand

Bis ich ihn wieder zu Vernunft gebracht,
Oder sich eitel meine Müh erweist.

Adriana.

Nein, ich will pflegen meinen Mann, und heilen
Von seiner Krankheit, denn es ist mein Amt,
Will keinen Stellvertreter auch für mich;
Und darum nehm' ich ihn jetzt mit mir heim.

Aebtissin.

Halt; früher nicht als bis ich meinen Schatz
Bewährter Mittel auch an ihm versucht,
Heilsame Säft' und Tränke, fromm Gebet,
Ihn zum gesunden Menschen herzustellen.
Es ist von dem Gelübde, das ich that,
Ein Theil und Zweig, ist fromme Ordenspflicht;
Drum geh und laß ihn hier bei mir zurück.

Adriana.

Glaubt Ihr, ich geh' und laß' Euch meinen Mann?
Sehr übel ziemt es Eurer Frömmigkeit,
Daß Ihr den Mann von seinem Weibe trennt.

Aebtissin.

Schweig und entfern' dich, du bekommst ihn nicht.

(Ab.)

Luciana.

Führ' bei dem Herzog Klag' um die Gewalt.

Adriana.

Ja, komm, ich will mich ihm zu Füßen werfen,
Und steh' nicht auf, bis auf mein Flehn und Weinen
Der gnäd'ge Herr hieherkommt in Person
Und der Aebtissin meinen Mann entreißt.

Kaufmann.

Der Zeiger weist jetzt, glaub' ich, grad auf fünf;
Gewiß kommt gleich der Herzog selbst vorbei
Des Wegs zu jenem schauerlichen Thal,
Schauplatz des Todes und des Hochgerichts,
Der hinter dieses Klosters Gräben liegt.

Angelo.

Zu welchem Zweck?

Kaufmann.

Zu sehen wie ein braver Syrakuser,
Der unglückjel'gerweise diesen Strand
Betreten wider unser Stadtgesetz,
Dafür heut öffentlich enthauptet wird.

Angelo.

Da sind sie; sehn wir seinen Tod mit an.

Luciana.

Knie vor dem Herzog, eh er weiter geht.

(Es treten auf: der Herzog mit Gefolge, Aegeon, unbedeckten Haupts, der Scharfrichter, Wachen u. s. w.)

Herzog.

So ruf's hier öffentlich noch einmal aus:
Wofern ein Freund die Summe für ihn zahlt,
Soll er nicht sterben; das gewähr' ich noch.

Adriana.

Gerechtigkeit, Fürst, gegen die Aebtissin!

Herzog.

Die tugendsame, hochehrwürd'ge Frau,
Unmöglich ist's, daß sie dir Unrecht that.

Adriana.

Erlaubt mir, Fürst: Antipholus, mein Mann,
Den ich auf Eure bringende Empfehlung
Zu meinem und des Meinen Herrn gemacht,
Fiel heut, o Tag des Wehs! in Raserei,
Daß er mit seinem Diener, grad so toll,
Wie ein Besessner durch die Straßen lief
Und großes Aergerniß den Bürgern gab,
In ihre Häuser drang und Ringe, Schmuck,
Kurz alles nahm, was seiner Wuth gefiel.
Ich ließ ihn binden und nach Hause bringen,
Und macht' indeß den Schaden wieder gut,
Den da und dort sein Wahnsinn angerichtet.
Auf einmal, mit Gewalt ich weiß nicht wie,
Reißt er sich wieder von den Wächtern los,
Begegnet uns, sein toller Bursch·und er
Und beide wuthentbrannt, die Degen blank,
Aufs neue, fällt uns plötzlich rasend an

Und treibt uns in die Flucht, bis wir verstärkt,
Um sie zu binden, wiederkehrten. Da
Flohn sie in die Abtei, von uns verfolgt;
Doch die Aebtissin schließt vor uns das Thor
Und leidet nicht, daß wir von dort ihn holen,
Und schickt ihn uns auch nicht, ihn heim zu schaffen.
Befiehl drum, gnäd'ger Herzog, daß man ihn
Ausliefere zur Pfleg' in meinem Haus.

Herzog.

Dein Mann hat mir im Krieg einst brav gedient,
Und ich versprach dir auf mein fürstlich Wort,
Als du zum Herrn ihn machtest deines Betts,
Ich wollt' ihm stets in allem gnädig sein. —
Geh jemand hin und poch' ans Klosterthor
Und ruf die Frau Aebtissin zu mir her.
Ich will dies schlichten eh ich weitergeh'.

(Ein Diener tritt auf.)

Diener.

O Herrin, Herrin! eilt und rettet Euch!
Denn Herr und Diener sind schon wieder los;
Die Mägde durchgehauen, und Zwick gebunden,
Sein Bart mit Feuerbränden abgesengt;
Und wenn die Haare flammten, löschten sie
Mit Kübeln stink'ger Jauche schnell den Brand.
Jetzt predigt ihm mein Herr Geduld, derweil
Sein Bursch ihn kahl wie einen Tollen schert;
Wenn Ihr nicht augenblicklich Hülfe schickt,
So bringen sie den Teufelsbanner um.

Adriana.

Schweig, Narr! Dein Herr und Dromio sind hier,
Und Lug ist alles was du uns erzählst.

Diener.

So wahr ich lebe, Herrin, red' ich wahr;
Ich holte noch kaum Athem seit ich's sah.
Er schreit nach Euch und schwört, wenn er Euch kriegt,
Euch das Gesicht nicht übel zu versengen.

(Geschrei hinter der Scene.)

Horcht, horcht, ich hör' ihn schon; o Frau, flieht! flieht!

Herzog.

Komm, her zu mir; hab keine Furcht. — He, Wachen!

Adriana.

Weh mir, es ist mein Mann! Und ihr bezeugt,
Daß unsichtbare Kräfte ihn bewegen:
Jetzt eben floh er hier in die Abtei;
Nun ist er wieder da, kein Mensch weiß wie.
(Antipholus von Ephesus und Dromio von Ephesus treten auf.)

Antipholus von Ephesus.

Gerechtigkeit, mein Fürst, Gerechtigkeit!
Um jenes Dienstes willen, den ich dir
Geleistet, als ich meinen Leib für dich
Zum Schilde machte; um des Blutes willen,
Das ich für dich vergoß, Gerechtigkeit!

Aegeon.

Wenn Todesfurcht mich nicht bethört, seh' ich
Mein Kind Antipholus und Dromio!

Antipholus von Ephesus

Gerechtigkeit, Herr, gegen dieses Weib!
Sie, die du selber mir zur Gattin gabst,
Hat hintergangen mich, hat mich entehrt,
Hat jeder Kränkung Maß an mir erschöpft;
Und allen Glauben übersteigt der Schimpf,
Den sie mir heute schamlos angethan.

Herzog.

Sag' wie, und werden soll dir volles Recht.

Antipholus von Ephesus.

Heut, großer Fürst, verschloß sie mir das Haus,
Derweil sie drinnen mit Gesindel schwelgte.

Herzog.

Ein schwer Vergehn. — Sag' an, Frau, thatst du das?

Adriana.

Nein, gnäd'ger Herr; ich, er und meine Schwester
Wir speisten heut zusammen. Lug ist alles,
Bei meiner Seele, wessen er mich zeiht!

Luciana.

Ich will den Tag nicht sehn und nachts nicht schlafen,
Wenn sie Eu'r Hoheit nicht die Wahrheit sagt!

Fünfter Aufzug. Erste Scene.

Angelo.
Meineid'ge Weiber! beide schwören falsch;
In dieser Klage hat der Tolle recht.

Antipholus von Ephesus.
Ich weiß wohl was ich rede, gnäd'ger Fürst;
Ich bin nicht angetrunken, bin nicht toll,
Nicht blind vor Zorn, obschon was ich erfuhr
Auch einen Weisern rasend machen könnte.
Dies Weib schloß heut mich aus vom Mittagsmahl;
Hier dieser Goldschmied, hielt' er's nicht mit ihr,
Könnt' es bezeugen, denn er war dabei
Und ging von dort aus heim nach einer Kette,
Die er mir bringen wollt' ins Stachelschwein,
Wo ich mit Balthasar zu Mittag aß.
Nach Tische, da er nicht erschienen war,
Sucht' ich ihn auf; ich traf ihn unterwegs
Und in Gesellschaft dieses Herrn. Da schwur
Mir der meineid'ge Goldschmied hoch und theuer,
Die Kette hätt' ich heut von ihm erhalten,
Die ich, Gott weiß, nie sah. Er ließ deshalb
Durch einen Häscher mich sofort verhaften.
Ich fügte mich und sandte meinen Tölpel
Nach Haus um Geld, allein er brachte keins.
Drauf redet' ich dem Häscher freundlich zu,
Mich selber zu begleiten bis dahin.
Doch da begegnet' uns
Mein Weib nebst Schwester und ein ganzes Pack
Elender Mitverschworner; unter ihnen
Auch ein gewisser Zwick, ein dürrer Schlucker,
Ein wahres Beingeripp, ein Charlatan,
Ein schäb'ger Gaukler und ein Marktprophet,
Hohläugig, spitz aussehend und verlumpt,
Kurz der lebend'ge Tod. Dies Unthier trat,
Denkt Euch, als Geisterbanner auf und guckte
Mir in die Augen, fühlte mir den Puls,
Starrt mit dem Reste von Gesicht mich an
Und ruft: Er ist besessen! Da fällt alles
Her über mich und bindet mich, und schleppt mich
Nach Haus, und läßt mit Dromio zusammen
Gebunden mich in einem finstern Loch.
Doch mit den Zähnen nagt' ich meine Stricke
Entzwei, befreite mich, und eilte stracks
Hierher zu Eurer Hoheit, die ich jetzt

Anflehe, mir Genugthuung zu schaffen
Für die empörend tiefe Schmach und Kränkung.

Angelo.

Mein Fürst, so viel bezeug' ich ihm als wahr:
Er aß heut nicht daheim, man schloß ihn aus.

Herzog.

Doch gabst du ihm die Kette, oder nicht?

Angelo.

Ich gab sie ihm, mein Fürst; die Leute sahn,
Als er hieher floh, sie an seinem Hals.

Kaufmann.

Und ich kann schwören, diese meine Ohren
Hörten Euch sagen, daß Ihr sie empfingt,
Nachdem Ihr's erst geleugnet auf dem Markt;
Und deshalb zog ich gegen Euch das Schwert;
Da flüchtetet Ihr Euch in die Abtei,
Aus der Ihr durch ein Wunder nur entkamt.

Antipholus von Ephesus.

Noch nie betrat ich dieses Klosters Pforte,
Noch zogst du je den Degen gegen mich;
Ich sah die Kette nie, Gott steh mir bei!
Lug, Lug ist alles, wessen du mich zeihst.

Herzog.

O welch verworrner Handel liegt hier vor!
Aus Circe's Becher trankt ihr alle, scheint's.
Triebt ihr ins Kloster ihn, so wär' er drin;
Und wär' er toll, spräch' er nicht so gelassen.
Ihr sagt, er aß daheim; der Goldschmied hier
Bezeugt das Gegentheil. — Kerl, was sagst du?

Dromio von Ephesus.

Er aß mit der da, Herr, im Stachelschwein.

Courtisane.

Ja, und zog mir vom Finger diesen Ring.

Antipholus von Ephesus.

So ist's, mein Fürst; den Ring hab' ich von ihr.

Fünfter Aufzug. Erste Scene.

Herzog.
Sahst du ihn wirklich in das Kloster fliehn?
Courtisane.
So wahr, mein Fürst, als ich Eu'r Gnaden sehe.
Herzog.
Das ist doch sonderbar. — Ruft die Aebtissin. —
Ihr alle seid berückt, wenn nicht verrückt.
(Einer vom Gefolge ab.)
Aegeon.
Großmächt'ger Fürst, verstattet mir ein Wort.
Zum Glück ist hier ein Freund, der mich erretten
Die Summe für mein Leben zahlen wird.
Herzog.
Sprich offen, Syrakuser, was du willst.
Aegeon.
Ist nicht Eu'r Name, Herr, Antipholus?
Und dies nicht Euer Sklave Dromio?
Dromio von Ephesus.
Vor einer Stunde, Herr, war ich sein Sklave;
Doch nagt' er, Dank ihm, meinen Strick entzwei:
Bin nun sein freier Diener Dromio.
Aegeon.
Ihr beide müßt euch meiner noch erinnern.
Dromio von Ephesus.
An uns erinnert Ihr uns, lieber Herr;
Wir waren jüngst gebunden wie Ihr jetzt.
Ihr seid wol Zwick's Patient? seid Ihr's nicht, Herr?
Aegeon.
Seht nicht so fremd mich an; Ihr kennt mich wohl.
Antipholus von Ephesus.
Ich seh' Euch heut zum allererstenmal.
Aegeon.
O, Gram hat mich entstellt, seit Ihr mich saht;
Durch sorgenvolle Stunden grub die Zeit

Mit welker Hand mir fremde Züge ein;
Doch sag' mir, meine Stimme kennst du noch?

Antipholus von Ephesus.

Auch nicht.

Aegeon.

Und Dromio, du?

Dromio von Ephesus.

Auch ich nicht, Herr.

Aegeon.

Ich weiß gewiß, du kennst sie.

Dromio von Ephesus.

Aber ich weiß gewiß, Herr, ich kenne sie nicht; und was auch einer in Abrede stellen mag, Ihr seid jetzt gebunden ihm zu glauben.

Aegeon.

Auch meine Stimme nicht! O Macht der Zeit,
Hast du in sieben Jahren so gelähmt
Die arme Zunge, daß mein einz'ger Sohn
Nicht meines Kummers schwachen Ton erkennt?
Ist gleich mein runzlig Angesicht bedeckt
Mit saftverzehrenden Winters Flockenschnee,
Sind die Kanäle meines Bluts auch Eis:
Hat meines Lebens Nacht doch noch Erinnrung,
Mein sterbend Lämpchen doch noch einen Schein,
Mein taubes Ohr noch einiges Gehör;
All diese alten Zeugen sagen mir:
Fürwahr, du bist mein Sohn Antipholus.

Antipholus von Ephesus.

Ich habe meinen Vater nie gesehn.

Aegeon.

Und schiedst vor sieben Jahren erst, mein Sohn,
In Syrakus von mir. Schämst du dich, sag',
In meinem Elend hier mich zu erkennen?

Antipholus von Ephesus.

Der Herzog, und wer in der Stadt mich kennt,
Kann mir bezeugen, daß dem nicht so ist.
Ich sah mein Lebtag Syrakus noch nicht.

Herzog.

Seit zwanzig Jahren, Syrakuser, lebt
Antipholus hier unter meinem Schutz,
Und war seitdem noch nie in Syrakus.
Ich seh', dich machen Angst und Alter kindisch.
(Die Aebtissin tritt auf, mit Antipholus von Syrakus und Dromio von Syrakus.)

Aebtissin.

Mein Fürst, hier naht ein schwerbedrängter Mann.
(Alles drängt sich ihn zu sehen.)

Adriana.

Zwei Gatten seh' ich, trügt mein Auge nicht.

Herzog.

Der eine ist des andern Genius.
So bei den Dienern auch. Wer ist der Mensch,
Und wer der Geist? wer unterscheidet sie?

Dromio von Syrakus.

Ich, Herr, bin Dromio; heiß diesen gehn.

Dromio von Ephesus.

Ich, Herr, bin Dromio; laß mich hier stehn.

Antipholus von Syrakus.

Bist du's, Aegeon, oder ist's dein Geist?

Dromio von Syrakus.

Mein alter Herr! Wer schlug in Banden ihn?

Aebtissin.

Wer ihn auch band, ich löse seine Bande;
Durch seine Freiheit find' ich einen Gatten. —
Aegeon, sprich, wenn du es bist, der einst
Ein Weib genannt Aemilia besaß,
Die ihm ein holdes Zwillingspaar geschenkt,
Bist du der nämliche Aegeon, sprich,
Und sprich zur nämlichen Aemilia!

Aegeon.

Ist dies kein Traum, bist du Aemilia;
Und wenn du's bist, sag' an, wo ist der Sohn,
Der mit dir schwamm auf jenem Unglücksfloß?

Aebtiſſin.
Von Epidamniern wurden er und ich
Und auch der Zwillingsdromio aufgefangen;
Doch bald ward ihnen Dromio und mein Sohn
Von rohen Fiſchern aus Korinth geraubt;
Mich ließen ſie den Epidamniern.
Was dann aus ihnen wurde, weiß ich nicht;
Mir fiel das Los, in dem Ihr mich hier ſeht.

Herzog.
Jetzt wird mir klar was er heut früh erzählt.
Die zwei Antipholuſſe täuſchend gleich,
Und die zwei Dromios auch von Anſehn eins;
Und dann der Schiffbruch deſſen ſie erwähnt —
Dies ſind die Aeltern dieſer Kinder hier,
Die nun der Zufall ſo zuſammenführt. —
Antipholus, du kamſt ja von Korinth?

Antipholus von Syrakus
Nein, Herr, nicht ich; ich kam von Syrakus.

Herzog.
Halt, tritt beiſeit; ich weiß nicht wer iſt wer.

Antipholus von Epheſus.
Ich, mein erlauchter Fürſt, kam von Korinth —

Dromio von Epheſus.
Und ich mit ihm.

Antipholus von Epheſus.
Hieher gebracht vom Herzog Menaphon,
Dem hochberühmten Helden, Euerm Ohm.

Adriana.
Wer von euch beiden ſpeiſte heut mit mir?

Antipholus von Syrakus.
Ich, edle Frau.

Adriana.
Und ſeid Ihr nicht mein Mann?

Antipholus von Epheſus.
Nein; ich verneine das.

Antipholus von Syrakus.

Ich ebenfalls; doch nannte sie mich so,
Und dieses schöne Fräulein, ihre Schwester,
Sie hieß mich Schwager. (Zu Luciana.) Was ich Euch da sagte,
Das geht, so hoff' ich, in Erfüllung bald,
Wenn es kein Traum ist, was ich seh' und hör'.

Angelo.

Dies ist die Kette, Herr, die ich Euch gab.

Antipholus von Syrakus.

Ich glaub', sie ist es, Herr; ich leugn' es nicht.

Antipholus von Ephesus.

Und Ihr, Herr, nahmt mich für die Kette fest.

Angelo.

Ich glaub', ich that es, Herr; ich leugn' es nicht.

Adriana.

Ich schickt' Euch, Herr, zu Eurer Bürgschaft Geld
Durch Dromio; doch scheint's, er bracht' es nicht.

Dromio von Ephesus.

Nein, nicht durch mich.

Antipholus von Syrakus.

Der Beutel mit Dukaten kam an mich,
Und Dromio mein Diener bracht' ihn mir.
So traf der eine stets des andern Diener;
Ich ward für ihn gehalten, er für mich:
Und so entstanden diese Irrungen.

Antipholus von Ephesus.

Dies Gold sei meines Vaters Lösegeld.

Herzog.

Behaltet es; sein Leben schenk' ich ihm.

Courtisane.

Herr, gebt mir meinen Diamant zurück.

Antipholus von Ephesus.

Da, nehmt ihn; und viel Dank fürs Mittagsmahl.

Aebtissin.
Geruht, erlauchter Fürst, Euch zu bemühn,
Und tretet mit uns ein in die Abtei,
Ausführlich unser Schicksal zu vernehmen.
Und alle, die jetzt hier versammelt sind
Und mit verwickelt in die Irrungen
Des heut'gen Tages, mögen mit uns gehn,
Wir werden sie vollauf befriedigen. —
Seit fünfundzwanzig Jahren, meine Söhne,
Lag ich in Wehn mit euch, und eben erst
Ward ich entbunden meiner schweren Last. —
Mein Fürst, mein Gatte, meine beiden Kinder,
Und ihr, Kalender ihrer Lebenszeit,
Gebt mir zum Kindtaufschmause das Geleit;
Welch frohes Fest nach so viel bitterm Leid!

Herzog.
Von Herzen gern will ich Gevatter stehn.
(Der Herzog, die Aebtissin, Aegeon, die Courtisane, der Kaufmann,
Angelo und Gefolge ab.)

Dromio von Syrakus.
Herr, soll ich Eu'r Gepäck vom Schiffe holen?

Antipholus von Ephesus.
Was für Gepäck trugst du aufs Schiff von mir?

Dromio von Syrakus.
Ei, Eu'r Gepäck, das im Centauren lag.

Antipholus von Syrakus.
Mich meint er. — Ich bin, Dromio, dein Herr;
Komm jetzt mit uns; das wird hernach besorgt.
Umarm' erst deinen Bruder, freu' dich sein.
(Antipholus von Syrakus, Antipholus von Ephesus, Abriana und
Luciana ab.)

Dromio von Syrakus.
Da ist ein fetter Schatz in euerm Haus,
Der mich statt deiner in die Küche nahm:
Die wird nun meine Schwägrin, nicht mein Weib.

Dromio von Ephesus.
Mir däucht, du bist mein Spiegel, nicht mein Bruder;
Ich seh' an dir, daß ich kein übler Bursch.
Gehst du nicht auch hinein zum Kindtaufschmaus?

Fünfter Aufzug. Erste Scene.

Dromio von Syrakus.

Nach dir; du bist der ältere.

Dromio von Ephesus.

Das fragt sich noch; wie wollen wir's entscheiden?

Dromio von Syrakus.

Wir wollen Hälmchen ziehen um die Erstgeburt; für jetzt geh du voran.

Dromio von Ephesus.

Nein, lieber so: (Er nimmt ihn bei der Hand.)
Als Brüder kamen wir zur Welt, drum wollen wir auch wandern
Als gute Brüder Hand in Hand und keiner vor dem andern.

(Beide ab.)

Anmerkungen zu „Die Komödie der Irrungen".

S. 4, Z. 21 v. o.: „Durch eine Reihe vortheilhafter Reisen nach Epidamnum." — Das heißt offenbar: durch Schiffe, die er nach Epidamnum (an der Westküste von Macedonien) sandte; denn er selber reiste ja erst nach seines Factors Tode dahin.

S. 4, Z. 6 v. u.: „Daß man sie nur durch Namen unterschied." — Dies scheint aber keineswegs der Fall gewesen zu sein, da sie beide Antipholus hießen.

S. 5, Z. 21 v. o.: „Mein Weib, besorgter für den Erstgebornen." — Im Original steht: für den Letztgebornen, the latter born, was der weiter unten folgenden Stelle, wonach der jüngste Sohn dem Aegeon geblieben ist, widerspricht. Wir haben daher aus dem Letztgebornen einen Erstgebornen gemacht. Elder-born hat übrigens auch schon Rowe.

S. 6, Z. 5 v. u.: „Fünf Sommer hab' im fernsten Griechenland." — In farthest Greece. Vielleicht eine Reminiscenz aus der Uebersetzung der Plautinischen Menächmen, wo von „all high Greece" die Rede ist.

S. 9, Z. 17 v. o.: „Euch hungert nicht, weil Ihr die Fasten bracht." — Im Englischen zugleich: weil Ihr gefrühstückt habt.

S. 9, Z. 2 v. u.: „Und komm' ich heim, so macht sie mich zum Posten." — Wortspiel zwischen Post und Posten = Pfosten, nämlich Thürpfosten, worauf die Wirthshausrechnung mit Kreide verzeichnet wurde.

S. 11, in der Bühnenweisung: „Hof". — Die Folio hat gar keine Bühnenweisungen. Wir haben daher um so weniger Anstand genommen,

Anmerkungen zu „Die Komödie der Irrungen".

den von modernen Herausgebern herrührenden Oeffentlichen Platz nach dem Vorgange von Grant White in den Hof des Hauses zu verwandeln. Die beiden Frauen haben in der That nichts auf der Straße zu thun und sagen bald, der Herr sei noch nicht zu Hause, und bald, man soll ihn nach Hause holen. In diesen innern Hof, unter einer Art offner Laube, wäre dann auch das Mittagessen der Adriana in der ersten Scene des dritten Aufzugs zu verlegen.

S. 13, Z. 3 v. u.: „daß es kaum zum Aushalten war." — Im Englischen der auch in den „Veronesern" vorkommende Doppelsinn von to understand = verstehen und to stand under = aushalten.

S. 15, Z. 8 v. u.: „Ich seh's, ein Kleinod noch so reich gefaßt u. s. w." — Die corrumpirteste Stelle des ganzen Textes, der alle Verbesserungsversuche von Theobald, Steevens, Heath, Collier bis auf Delius nicht gründlich aufgeholfen haben.

S. 15, Z. 18 v. o.: „ich bin nur da zur Schau." — „poor I am but his stale." Damit ich ihm als Deckmantel diene und er unter der Maske des Ehemannes besser seinen Lüsten fröhnen könne. (Delius.) Andere Commentatoren berufen sich auf eine Stelle in „Cymbeline" (3. Aufzug, 4. Scene): „Poor I am stale, a garment out of fashion" und erklären „I am stale" mit: „ich bin abgenützt, aus der Mode." Auch gegen diese Auffassung protestirt ein Kenner Shakespeare's, indem er sagt, „I am but his stale" scheine ihm einfach zu heißen: ich bin nur sein Kebsweib, ich, seine rechtmäßig angetraute Frau, der er allein treu sein sollte. Er schlägt vor, statt „ich bin nur da zur Schau" zu übersetzen: und meidet seine Frau, oder: und flieht mich arme Frau.

S. 16, Z. 9 v. o.: „Du weißt nichts vom Centaur? bekamst kein Gold?" — Vom Centauren war in der Schlußscene des ersten Aufzugs in der That auch nicht die Rede gewesen.

S. 17, Z. 11 v. o.: „Sonst gerb' ich dir dein Fell, bis du es lernst." — Im Englischen ein Wortspiel zwischen sconce = Schädel und = Schanze, das noch weiter fortgesetzt wird durch das Verbum ensconce = verschanzen.

S. 18, Z. 8 v. u.: „Es könnte Euch cholerisch machen." — Dieselbe Wirkung finden wir auch in der „Zähmung einer Widerspenstigen" (4. Aufzug, 1. Scene) zu stark gebratnem Fleische zugeschrieben. Dies hat uns verhindert, den englischen Witz durch die so geläufige „Prügelsuppe" wiederzugeben.

S. 23, Z. 3 v. u.: „Den Finger in die Augen thun und weinen." — Auch dieser Ausdruck findet sich in der „Zähmung einer Widerspenstigen" (1. Aufzug, 1. Scene).

Anmerkungen zu „Die Komödie der Irrungen".

S. 25, Z. 6 v. o.:
„Sagt was Ihr wollt, Herr, doch ich weiß was ich weiß.
Daß Ihr auf dem Markt mich schlugt, hab' ich Eurer Hand Beweis;
Laßt mein Fell Pergament und Eure Schläge Tinte sein,
Und Eure Handschrift wird Euch sagen was ich mein'" u. s. w. u. s. w.
Wir haben dieses schwerlich von Shakespeare herrührende Gereimsel möglichst treu in seiner bunten Mannichfaltigkeit wiederzugeben versucht, und geben beispielshalber für die eben citirten vier Verse hier den englischen Text:
„Say what you will, sir, but I know what I know:
That you beat me at the mart, I have your hand to show:
If the skin were parchment, and the blows you gave were ink,
Your own handwriting would tell you what I think."

S. 26, Z. 4 v. o.: „Dromio von Syrakus (von innen)." — „Von innen." Siehe die Anmerkung zu S. 11: „Hof".

S. 26, Z. 2 v. u.: „Lucie (von innen)." — In der Folio heißt es: Lucie „tritt auf", wie etwas weiter unten: Adriana „tritt auf", obschon sie den vor der Thür Stehenden nicht sichtbar werden. Die Herrin und ihr Mädchen erschienen wahrscheinlich auf der Emporbühne. — Das englische Wort Luce, Lucie, heißt gleichzeitig auch: Pike und Hecht, wovon der Uebersetzer keinen Gebrauch machen konnte.

S. 27, Z. 6 v. o.: „Hör', Schätzchen, du läßt uns jetzt hoffentlich ein?" — „Do you hear, you minion? you'll let us in, I hope?" Da dies der einzige reimlose Vers ist, so haben die Commentatoren vermuthet, daß hier eine Zeile ausgefallen sei, die auf rope endigte, und worin Lucien mit dem Strick gedroht wird.

S. 29, Z. 5 v. o.:
„Ihr nennt mich Galgenvogel, Herr? da wär' ich selber ja
Der Vogel ohne Federn, wenn kein Fisch auch ohne Finnen.
Wir wollen ein Hühnchen pflücken mit ihm, sind wir erst drinnen."
Im Englischen ein dreifaches Wortspiel zwischen crow = Brecheisen und = Krähe, und to pluck a crow = ein Hühnchen mit jemand pflücken. Singer macht auf ein ähnliches Wortspiel in den „Gefangenen" des Plautus aufmerksam, auf den Doppelsinn des Wortes „upupa" was eine „Hacke" und „Wiedehopf" bedeutet.

S. 30, Zweite Scene: „Luciana und Antipholus von Syrakus treten auf." — D. h. sie kommen aus dem Hause, sobald Antipholus und seine Begleiter fortgegangen sind.

S. 42, Z. 7 v. u.: „Der Kampf der Herzensmeteore nicht?" — Für die Geschmacklosigkeit der „Herzensmeteore" ist das

Original verantwortlich. Voß findet darin eine Anspielung auf die funkelnden Meteore am Himmel, mit denen im Anfang von „Heinrich IV." der Bürgerkrieg verglichen wird; und Delius erklärt: „Die widerstrebenden Gefühle seines Herzens erscheinen auf seinem Antlitz wie Meteore am Himmel, die miteinander kämpfen."

S. 43, Z. 7 v. u.: „So hört man weit vom Nest den Kibitz schrein." — Vgl.: „Maß für Maß" (1. Aufzug, 5. Scene):
„Ich möchte nicht, ist's gleich mein alter Fehl,
Mit Mädchen Kibitz spielen, weit vom Herzen
Die Zunge —" (Schlegel und Tieck.)
Der Kibitz soll nach dem Glauben von Shakespeare's Zeitgenossen seine Stimme fern vom Neste erschallen lassen, um es nicht zu verrathen; doch scheint uns die Stelle in „Maß für Maß" den, wie Dingelstedt mit Recht bemerkt, immerhin etwas schief und lahm bleibenden Vergleich noch am besten zu erläutern. Die Zunge, das Geschrei, weit weg vom Neste, d. h. wo sein ganzes Herz ist. Nach Brehm enthält gerade diejenige Stelle, über welcher der singende Vogel sich herumtreibt, das Nest desselben. Man vergleiche auch Friedrich Rückert in 66. Sonett seiner „Amaryllis. Ein Sommer auf dem Lande":
Gleichwie der Kibitz, der unbänd'ge Schreier,
Um zu verhüten, daß nicht seine Läger
Durch seine Schuld an den verschmitzten Jäger
Verrathen werden, oder an den Geier,
Von weitem, scheu, um den geliebten Weiher,
Wo er sein Nest hat, streifend zieht in schräger
Umkreisung seinen Flug, bis ins Gehäg er
Sich senkt auf seine Jungen oder Eier — u. s. w.

S. 44, Z. 7 v. o: „So einer, der noch vor dem Gericht die Seelen zur Hölle führt." — Gericht = gerichtliche Verurtheilung und = Jüngstes Gericht. Hölle, zugleich ein Ausdruck für Gefängniß.

S. 44, Z. 2 v. u.: „Ja, wenn so eine den Häscher trifft, kehrt sie vor Schrecken um." — „If any hour meet a sergeant." — Im Englischen ein Wortspiel zwischen „hour" und „whore", welche beide wie „hoor" ausgesprochen wurden. Das Wortspiel kommt einige Zeilen weiter unten noch einmal vor: „Hat sie nicht Grund, eine Stunde den Tag zurückzugehn?" „Hath he not reason to turn back an hour in a day?" Hier war es uns unmöglich den Doppelsinn wiederzugeben.

S. 45, Z. 4 v. u.: „Aber wo habt Ihr das Ebenbild des alten Adam in seiner neuen Bekleidung gelassen?" — D. h. des Adam nach dem Sündenfall, der in Thierfelle gekleidet war.

S. 46, Z. 11 v. u.: „Gott schenk' Euch eine gute Ruh."—
Im Englischen gleichzeitig auch: Guten Arrest.

S. 47, Z. 7 v. o.: „Und da wandelt sie angethan wie eine Leuchte" u. s. w. — Im Englischen light = Licht und = leichtfertig. Ein sehr oft vorkommendes Wortspiel.

S. 50, Z. 4 v. u.: „Gnädige Frau, respice finem, denkt an Euer Ende oder vielmehr an des Papagaien Prophezeiung: «Nehmt Euch vor dem Strick-Ende in Acht!»" — Singer citirt ein Pamphlet, das mit den Worten endigt: „respice finem, respice funem", und vermuthet, daß Shakespeare seinen Witz hieraus entlehnt habe. In „Hudibras" ist auch von Papagaien die Rede, welche „rope, rope", Strick, Strick! schreien.

S. 63, Z. 11 v. u.: „Sein Bursch ihn kahl wie einen Tollen schert." — Den Narren wurden die Haare abrasirt oder hart am Kopfe abgeschnitten.

S. 69, Z. 7 v. o.: „der eine ist des andern Genius" u. s. w. — Auch in der Plautinischen Komödie fragt Messenio-Dromio den Reisenden Menächmus „Seid Ihr's, oder ist's Euer Geist, Euer Bild?" „your ghost, your image".

Druck von F. A. Brockhaus in Leipzig.